상처 받지 않고 관계가 행복해지는
대화의 비밀

상처 받지 않고 관계가 행복해지는
대화의 비밀

• 천호림 지음 •

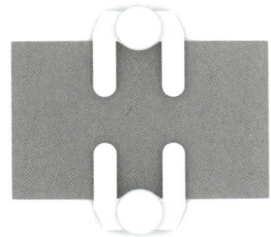

맛있는책

| 프롤로그 |

"야, 너는 무슨 말을 그렇게 하냐?"
"넌 다 좋은데, 막말하는 게 문제야."

대한민국에서 이런 말을 한 번이라도 안 들어본 성인은 몇 명이나 될까? 나 또한 이런 말을 듣던, 아니 아주 자주 듣고 살았던 사람이었다. 지금이야 소통을 주제로 강의도 하고 책도 쓰고 있지만, 예전에는 가까운 사람들과 불통하는 사람이었다. 모르는 사람들에겐 서글서글하고 친절했지만, 가까운 가족이나 친구, 연인을 대할 때는 날 선 말로 맹공을 퍼부었던 것이다.

하지만 '을'의 입장이 되어 돈을 벌 때면 '갑' 앞에서 한없이 작아져 그들의 비위를 맞추기 위해 끊임없이 고민했다. 이렇게 이중적인 모습으로 살던 어느 날, 거울에 비친 내 모습을 보며 질문을 하게 되었다.

"나는 이중적인 인간인가?"

전화번호부에 5,000개 가까운 번호가 있었지만 정작 필요할 때는 아무런 도움이 되지 못했다. 내 주변에 어떠한 사람들이 있는지 돌아보는 것마저 겁날 즈음, 스스로 소통에 문제가 있지 않은지 물음표를 던지게 된 것이다.

"그녀가 꽃을 좋아한다면 꽃을 선물할 것이고, 영화를 좋아한다면 함께 영화를 볼 것입니다. 그런데 혹시, 그녀가 무엇을 싫어하는지는 알고 있나요? 좋아하는 것을 해줄 때보다 싫어하는 것을 하지 않을 때 신뢰를 얻을 수 있습니다."

유명한 기업의 광고 카피이다. 이렇게 소통은 내 입장이 아니라 남의 입장에서 생각해야 하는 기술이다. 우리는 여러 매체를 통해서 소통의 기술을 접하지만 실제로 소통 전문가들조차 가까운 사람들과 소통하지 못한다. 그래서 직원들에게 독설을 퍼붓고, 자녀와 마음을 터놓지도 못한다.

모든 문제의 해결은 상처를 치료하는 과정과 같다. 상처 난 부위를 확인하여 소독하고 정성스럽게 연고를 발라줘야 상처가 아무는 것처럼 말이다. 부끄럽다고, 아닐 거라고, 지금까지 문제없었다고 회피하면 상처에 고름이 차고, 나중엔 상처 부위 전체를 도려내야 한다.

불통의 문제는 운명과도 연결되어 있다. 한마디의 말로 인연이 끊어져 나가거나 인생이 바뀔 수 있다. 나 또한 불통의 달인이었다. 우리는 지금 이 순간도 상대의 가슴에 유리조각같이 날카로운 말을 박아 넣어 관계를 단절시키고, 우리의 삶을 전혀 다른 방향으로 바꿔 놓는지도 모른다.

이제 불통의 원인을 제거하는 것에 초점을 맞춰야 한다. 이 책에는 10년 전 불통으로 인해 고민하던 나의 크고 작은 경험들과 온몸으로 부딪혀 찾은 소통의 해결점이 담겨져 있다. 불통으로 고민하는 사람들에게 나의 대화 기술이 좋은 길라잡이가 되길 바란다.

Contents

|프롤로그| • 5

Chapter 1
죽기 전에 꼭 바꿔야 할 10가지 말하기 습관
"적을 만들고 소통을 방해하는 말! 말을 다스려라!"

01 쓸데없는 말은 죽어도 안 한다 • 18
모두를 바보로 만들어 버린 김 팀장 / 통(通)하였느냐? 정보통! 감정통! 공감통!

02 언제나 내가 주인공이어야 한다 • 23
안티 스팸 스피치(Anti Spam speech) / 마이크를 놓지 않으면 사람을 놓친다 / 어디서나 주인공 본능 / 'N분의 1법칙'을 활용하자! / 말하고자 하는 욕구 다스리기

03 과거에 도취되어 말한다 • 29
"왕년"의 병에 빠진 사람들

04 비판이 아닌 비난을 한다 • 32
비판과 비난은 종이 한 장 차이 / 같은 듯하지만 완전히 다른 두 친구 / 비난, 마이너스에서 출발하는 그들만의 리그 / 스마트한 비판의 법칙 / 비판하는 목적을 확실히 하라

05 웬만하면 반말하고 본다 • 39
어린이도 싫어하는 반말 / 나보다 어리면 무조건 반말해도 되나요? / 반말의 심리적 배경 / 상호 간의 동의 없는 반말은 위법 / 하대는 쉽고, 존중은 어렵다

06 오직 힘으로만 말한다 • 46
권위로 사람을 찍어 누르는 스피치 / 어디서 어린놈이 자꾸 대들어! / 여자가 말이야! / 내가 슈퍼 갑(甲)이야! / 콘텐츠로만 맞짱 뜨는 바람직한 사회

07 말할 때 다르고, 들을 때 다르다 • 54

목적만 뚜렷한 스피치 / 대화의 목적만 앞세우면 진심의 소통은 어렵다 / 예상되더라도 참는 소통의 인내 / 경청은 끝까지 들어주는 끈기다 / 대한민국에 진짜 필요한 건 '듣기 학원' / 할 말은 다 했는데 소통은 안 돼 / 스몰 스피치 & 파워 리스닝

08 가까운 사람에겐 아무렇게나 말한다 • 64

처음 보는 사람에게 잘하는 게 어려울까? / 무대 언어 따로, 일상 언어 따로? / 이미지가 '가면'이 되어선 안 된다 / 가족만족 100점이 될 때까지!

09 사람을 쉽게 판단하고 말한다 • 72

상대방을 몇 번 보면 알 수 있나요? / 나쁜 사람은 어떻게 생겼나요? / 환상 속에 그대가 있다! / 손바닥 스피치=블랙 스피치 / 내가 원하는 말을 하라

10 시선 따윈 신경 쓰지 않는다 • 79

사람을 아프게 만드는 시선 / 성숙한 사람은 시선도 관리한다

Chapter 2
상대의 마음을 얻는 5가지 대화 기술
"좋은 질문을 던져라. 당신 곁에 사람이 모일 것이다!"

01 공감 능력을 높여라! • 87

논쟁보다 상대방의 감정을 읽어내라 / 공감은 타인과 나를 비추는 진실의 거울 / 상대에게 내 시간을 선물하라

02 소통의 마스터키, 질문의 기술 • 96

당신의 질문이 당신을 결정짓는다 / 질문은 자판기 커피다 / 관계형성을 위한 질문 / 정보도출을 위한 질문 / 의미 재확인을 위한 질문 / 질문은 가랑비에 옷 젖듯 / 질문은 넓은 곳에서 좁은 곳으로 / 질문 하나로 천 냥 빚을 갚는다 / 어마어마하게 다른 "아"와 "어" / 주관식과 객관식을 적절히 사용하라 / 부정형 질문은 부정형 결과를 낳는다 /

Contents

03 부정을 긍정으로 바꿔라 · 120
약점은 장점이 된다 / 멀어져야 가까워진다 / 멀리서 봐야 더 아름답다 / 먼저 비판하고 마지막에 칭찬해라 / 부정적인 사람을 대하는 긍정적인 방법

04 나를 아낌없이 버려라 · 134
존중해주면 거만해지는 사람, 존중해주면 겸손해지는 사람 / 너와 나는 원래 다르다 / 달라서 더 끌린다 / 세상을 움직이는 원동력은 '다름'

05 말의 위력을 인정하라 · 142
말이 인격이 되고, 인생이 된다 / 듣는 사람은 항상 뒤끝이 있다 / 소통은 인연을 만든다

Chapter 3
성공하는 사람들의 스피치 시크릿
"긴장을 극복하라. 원하는 것을 얻을 것이다."

01 그들의 말엔 향기가 난다 · 151
소통을 막는 진짜 원인 / 좋은 목소리로 불통하는 사람 / 말의 2가지 기능을 구분하라 / 목소리는 화장, 메시지는 내면이다 / 내 편을 만드는 긍정적 언어

02 한번 들으면 잊지 못할 그들의 자기소개 스피치 · 160
나를 잘 모르는 20대, 나를 소개하지 못하는 60대 / 해부하듯 자신을 파헤쳐라 / 최악의 자기소개 스피치 3대 유형 / 자기소개 4대 기본원칙

03 명품 프레젠테이션을 위한 그들만의 노하우 · 179
명품 호두과자와 명품 프레젠테이션 / 당신은 Reader인가, Leader인가? / 정반대의 논리로 청중을 끌어들여라 / 전문 용어와 수치를 쉽고 간결하게 표현하라 / 자신을 객관화하여 문제를 파악하라

04 그들은 긴장을 통해 더 강해진다 • 190

두려움을 선순환시키는 방법 / 긴장하지 않는 사람은 교만하다 / 패스트푸드형 스피치 vs 슬로우푸드형 스피치 / 청중들의 속마음 읽기

05 그들은 전화 통화의 중요성을 알고 있다 • 200

오해를 불러일으키는 전화 통화 / 전화 통화에서 저지르는 4가지 실수

06 100만 원짜리를 1,000만 원에 파는 비결 • 208

의도가 노출되면 실패다 / 세일즈에 성공하고 싶다면 투명인간이 돼라 / 소비자가 진짜 듣고 싶은 말 / 상대방의 언어 스타일에 동조하라 / 내 편을 만드는 열쇠 '바이인'

Chapter 4
세상에 당신의 명언을 남기는 방법
"당신만의 키워드를 찾아라. 당신의 말로 세상을 움직여라."

01 당신의 필러는 무엇인가? • 223

그런데는 뭐가 그런데요? / 당신을 아마추어로 보이게 하는 습관어 / '필러'로 채우지 말고 콘텐츠로 채우자 / 예쁜 말에는 필러가 적게 들어간다

02 당신만의 키워드를 찾아라 • 233

공자 왈, 맹자 왈, 스티브잡스 왈…… 그건 그 사람들 말이고! / '짬뽕 스피치'를 하는 이유 / 당신을 대표하는 키워드가 있는가? / 죽기 전에 당신만의 명언 하나는 만들어라

03 웅변식 말하기를 당장 중단해야 하는 이유 • 240

목소리만 크다고 설득이 될까? / 스피치도 시대의 흐름에 따라 변화한다 / 연설하지 않는 것처럼 연설해라 / 대한민국 정치인 vs 미국 정치인 / 질서 안에서 자유 하는 힘을 찾아라!

"적을 만들고 소통을 방해하는 말! 말을 다스려라!"

Chapter 1
죽기 전에 꼭 바꿔야 할 10가지 말하기 습관

아무도 당신에게
해주지 않은 이야기

스피치 컨설팅을 막 시작한 무렵에는, "왜 말하는 걸 다시 배워야 하냐?"고 질문하는 사람들이 참 많았다. 수업 첫 시간을 모두 그 이유에 대해 설명하는데 할애해야 할 만큼 암울한 시기였다. 이제는 기업에서도 소통 리더십을 강조하고, 많은 사람들이 대화와 스피치에 관심을 갖고 있다. 하지만 속으로는 '나 참, 내가 말하는 법까지 배워야 하나? 이러다 밥 먹는 법, 걷는 법까지 배우겠고만!' 하고 여전히 탐탁지 않게 생각하는 분들도 있을 것이다.

하지만 말이야말로 배워야 한다. 말이란 본능을 다듬지 않으면 짐승처럼 이빨을 드러내 타인에게 무자비하게 상처를 주게 된다. 반면, 잘 다듬어져 이성의 도구가 된 말은 우리에게 기쁨을 준다.

사람은 누구나 서로의 이야기를 공유하고 싶어 한다. 우리는 종종

"직장상사가 내 성과를 가로채는 게 아니꼬워.", "혹시 남편이 바람 피는 건 아닌지 수상해."와 같은 'Something'을 들어줄 'Someone'을 꾸준히 필요로 하지 않는가. 이러한 소통과 공감 자체가 큰 기쁨이며 그것을 금전적 소득보다 더 큰 소득으로 생각하는 것이 바로 인간이다.

결국 세상살이는 소통에서 시작되어 소통으로 끝난다. 소통의 욕구가 충분히 보상받지 못할 때 우리는 우울증과 같은 정신적 결핍과 만나게 된다. 불통의 문제들은 소리 없이 차곡차곡 쌓여 각종 사회적 문제의 뇌관이 된다.

그런데 무엇이 우리를 불통하게 만들었고, 그토록 오랜 기간 힘들게 했는지 왜 한 번도 진지하게 생각해보지 않았을까?

나라는 이름의 외로운 섬.
아무도 찾아가지 않는 섬.
발길이 끊긴 무인도,
홀로 뜨거운 아스팔트에 서 있는,
외로운 얼굴로 땅에 하소연하는 나.
울었다, 울었다, 울었다.
세 번째 울음이 터질 때 나는 눈을 떴다.
이대로는 안 된다.
다시는 울지 않으리라.
더 이상 홀로 남지 않으리라.

내가 20대 초반에 쓴 시다. 그때 나는 세상에 다시없을 '답답이', 말이 변비처럼 꽉 막혀 있는 '불통이'였다. 사람들은 고개를 저으며 떠나갔고 나는 홀로 남겨졌다. 혼자가 되고 나서야 뜨거운 눈물을 닦고 내 안의 문제, 그리고 나아가 우리 주변의 문제들을 인식했고 글로 적기 시작했다. 그리고 서서히 내 불통의 이유를 깨닫기 시작했다.

불통이들에게는 공통된 문제점이 있다. 관계가 비틀어지고 사람들이 나를 떠나갔을 때를 되돌아보면, 똑같은 문제를 반복하고 있었다. 문제를 알게 되자 고치는 것은 어렵지 않았다. 점점 더 많은 사람들과 좋은 관계를 유지할 수 있게 되었음은 물론이다. 그리고 자연스럽게 사람들에게 내가 깨달은 불통의 원인에 대해 이야기해 주었다. 그 이야기에 공감하는 사람이 많아지면서 어느새 나는 불통과 소통을 주제로 강연을 하는 강사가 되어 있었다. 이제는 다양한 분야의 많은 사람들과 소통하며 관계의 행복을 느끼며 살아가고 있다.

지금부터 그 누구도 당신에게 알려주지 않은 불통의 이유 열 가지를 풀어놓으려 한다. 불통의 문제를 직시하는 순간, 소통으로 가는 길이 보인다.

쓸데없는 말은
죽어도 안 한다

◇ 모두를 바보로 만들어버린 김 팀장

예전 직장생활 하던 때의 일이다. 40대 중반의 김 팀장은 일 처리가 깔끔하기로 소문이 자자했다. 김 팀장 손을 거치면 복잡하고 큰일도 그냥 늘 있는 일처럼 심플하게 종결되었다. 그는 어떤 일이든 가리지 않고 하는 철인이었다. 오전 6시 반이면 출근해서 책상에 앉아 있었고 가장 늦게 퇴근하는 성실한 사람이었다.

이렇게 업무적으로는 완벽에 가까웠지만, 인간적인 매력은 그의 능력을 따르지 못 했다. 그는 늘 사람들과 어울리지 못 하고 겉돌았다.

한 번은 회사 매출 초과 달성을 기념해 전 직원이 회식을 하게 되었다. 의기투합을 위해 마련된 자리인 만큼 어느 누구 할 것 없이 그동안의 스트레스를 날려버리고, 화기애애한 분위기 속에서 대화를 나누느라 바빴다. 새로 태어난 아기 이야기, 성공한 친구 이야기, 진상 고객 이야기 등등 여러 가지의 주제들이 비빔밥처럼 버무려져 회식의 분위기가 절정에 달한 순간, 김 팀장이 얼굴을 구기며 자리를 박차고 나가는 게 아닌가! 모두가 놀란 가운데 몇 명이 김 팀장을 따라 밖으로 나갔다. 잠시 후 김 팀장을 뒤쫓아갔던 사람들은 어이없는 표정을 지으며 돌아왔고, 그가 한 말을 전해주었다.

"의미 없어 보이는 이런 이야기에 내가 동참해야 하는 이유를 모르겠군요. 특히 여직원들의 수다는 참 한심해 보입니다. 저는 정기적으로 참여하는 독서모임에 불참하고 이 자리에 참석했는데, 더 이상 자리에 앉아 있을 이유를 찾지 못하겠습니다."

이 말을 듣는 순간, 자리에 앉아 있던 모든 사람들은 얼음이 되었다. 그 수다에 동참한 모두가 바보가 되어 버린 것이다. 후에도 몇 번의 모임이 있었지만 그때마다 김 팀장은 여러 가지 이유들로 불참했고, 결국 몇 달 후 다른 곳으로 이직했다.

✧ 통(通)하였느냐? 정보통! 감정통! 공감통!

말에는 여러 가지 기능이 있다. 그 중 우리가 대표적으로 떠올리는 것이 바로 '정보 전달'이다. 회식자리를 박차고 나간 김 팀장은 이 정보 전달 기능만 가치가 있다고 생각한 것이다.

많은 사람들이, 특히 남자들이 김 팀장처럼 생각한다. 하지만 그건 엄청난 착각이다. 앞서 이야기한 것처럼 사람들은 자신의 이야기를 누군가와 공감하고 소통하길 원한다. 이때 그 이야기의 주체인 내가 옳고 그른지, 혹은 문제의 원인이 무엇인지 분석하는 일은 이차적이다. 오히려 이야기 그 자체에 일차적 목적이 있다. '나의 입'을 통해 이야기하고자 하는 '해소욕'은 생각보다 강하다. 즉, 말하기를 통해 내 불쾌한 감정과 묵은 스트레스를 확 풀어버리는 것이다.

예컨대 매주 월요일 오후 2시에 103동 301호에서 정기적인 모임을 갖는 주부들은 뭔가 정보를 전달하고 전달 받기 위해 그곳으로 가는 것이 아니다. 퇴근 후 텔레비전 리모콘만 무심히 넘기는 감정 제로 무뚝뚝이 남편과 새벽에야 들어오는 바쁜 수험생 아들에게 말하지 못 하는, 수많은 드라마틱한 이야기들을 나누기 위해 301호로 간다.

"채은이 엄마, 그 얘기 들었어?"
"무슨 얘기?"
"호준이네가 다음 달에 호주로 이민 간대."

"어머머, 호준이 엄마가 영어 공부 열심히 하더니만."
"아들내미 공부 시키려고 그런다며?"

주부들이 나누는 이야기에 대해 대부분의 남성들은 "뭐 하러 그런 모임에 가? 쓸데없이. 그 시간에 책이나 읽어!" 이렇게 폄하하며 쓸데없는 잡담 취급하는 게 보통이다. 그리고 나 역시도 그 중 한 명이었다.

만약 지금 알고 있는 사실을 그때 알았더라면 301호로 향하는 아내의 발걸음을 가로막지 않았을 것이다. 301호는 우리 아파트 주부들에게 그저 누구누구네 집이 아니라 말의 해소 창구였다. 그들은 스트레스를 풀기 위해 매주 월요일마다 '이야기의 성지'로 입성했던 것이다.

말은 정보 전달에도 목적이 있지만 그것이 다는 아니다. 소통이란 하나의 문화고, 일종의 놀이고 유희다. 요즘 트위터나 페이스북같은 SNS만 보아도 그렇지 않은가. 놀이가 된 소통은 관계를 형성하여 친밀감을 느끼게 하고 보이지 않는 연대를 형성하기도 한다. 그것을 간과하거나 터부시 하는 것은 소통에 대해 이해가 부족한 것이다.

우리 주위엔 앞서 얘기한 김 팀장과 같은 생각을 하고 있는 사람이 많다. 함께 모여 '수다스럽게' 이야기하는 것에 대해 거부감을 갖고 있는 사람들의 특징은 '시간관리'의 효율성을 강조하는 사람들이다. 자투리 시간이라도 적극적으로 활용해 자기계발 등 생산적인 일에 쓰자는 것이다.

하지만 모든 세상살이를 항상 성장과 발전이란 관점으로만 본다면 얼마나 갑갑하고 건조할까. 어떤 시인은 사람과 사람을 섬이라 표현했다. "그 섬에 가고 싶다."란 시구로 소통을 갈구했다. 이렇게 사람과 사람 사이엔 간극이 존재하기 때문에 소통이라는 키워드는 더욱 의미 있는 것이고, 그 지점으로부터 행복한 삶이 시작되는 것이다.

"아, 과장님, 벌써 둘째가 100일인가요? 와~ 요즘 기저귀 값이 보통이 아니죠?"
"김대리, 오늘 입은 옷이 참 세련됐네. 나 같은 아저씨는 옷을 입어도 태가 안 나는데. 김대리는 어디서 그렇게 멋진 옷을 사?"

만약 당신이 김 팀장 같은 사람이라면, 그래서 회식 자리가 쓸데없는 수다의 장이라고 여겨진다면, 그곳을 많은 말들이 오가는 하나의 놀이터라고 생각해보자. 사람들은 열심히 그곳에서 놀며 서로에게 기쁨을 주고 슬픔을 덜어내고 있다. 여직원들이 서로의 헤어스타일이나 최근 일어난 연예가 스캔들에 대해 얘기하는 게 어떻게 기쁨과 슬픔의 교류가 되냐고? 수다에 몰입한 그녀들의 표정을 자세히 들여다보라. 그들은 대화를 나누며 끊임없이 웃거나 찡그리고 있다. 서로 공감하고 소통하는 것이다. 당신이라고 못할 게 뭔가. '이야기 방'에서, 당신은 어렸을 적 그러했던 것처럼 뛰어 놀기만 하면 된다.

02
언제나 내가 주인공이어야 한다

◆ 안티 스팸 스피치(Anti Spam speech)

우리는 스팸 메일이나 문자를 보면 스팸 신고를 하고 그 글을 무시한다. 스팸의 특징이 무엇인가. 상대방의 의견 따위는 상관없이 자신이 말하고자 하는 것만을 일방적으로 내세운다는 것이다. 내게 반론을 제시하거나 거부할 자유는 없다.

스팸은 단순히 광고성 메일이나 문자에만 있는 것이 아니다. 사실 우리의 삶에 더 큰 영향을 미치는 것은 대화에서의 스팸 현상이다. 자신의 의견만 일방적으로 전달하고 타인이 원하는 이야기에는 일말의 관심조차 없는 사람들을 너무도 흔하게 볼 수 있다. 그것은 아무리 좋은 말이라 할지라도 호감이 뚝뚝 떨어지게 하는 스팸 스피치다.

✧ 마이크를 놓지 않으면 사람을 놓친다

새로운 모임에 초대되어 간 적이 있다. 거기서 만난 사람들은 대부분 서로 안면은 있지만 잘 알지 못하는 상태였다. 우리는 서로에 대해 알기 위해 탐색의 시간을 갖고 있었다. 약간의 긴장감이 흐르는 분위기 속에서 서로에 대해 알아갈 때쯤, 한 남자가 대화의 주도권을 잡았다. 그는 자신의 이야기를 굉장히 재미있게 말할 줄 아는 사람이었다. 아무래도 스피치 전문가로 활동을 하다 보니 말 잘하는 사람을 만나게 되면 명품 식자재를 발견한 요리사처럼 가슴 속 깊은 곳에서부터 흥분이 올라오곤 한다. 그의 한마디 한마디에서 스피치 역량을 엿볼 수 있었다. 그는 말을 유쾌하게 가공할 줄 아는, 아주 재능 있는 사람이었다.

그는 쉴 새 없이 말을 이어갔고, 한 가지 이야기가 끝나자 곧바로 이렇게 말했다.

"그럼 이번엔 제 와이프가 어떻게 미국으로 들어갔는지 알려드릴까요? 하하하"

또 자신에 대한 이야기를 장황하게 늘어놓기 시작한 것이다. 그 순간, 내 안에서 반감이 싹트기 시작했다. 뿐만 아니라 여태껏 웃으며 그 이야기를 듣던 사람들의 표정이 점차 굳어지는 것을 느낄 수 있었다. 다들 서로에 대해 잘 알지 못하니 적대감은 없을 터였다. 하지만 알고 싶지 않은 자신의 일거수일투족을 자세하게 이야기하는 그 사람에 대해 다들 조금씩 짜증이 나는 듯했다.

슬슬 모임이 파할 때 쯤, 길고 긴 그 사람의 이야기가 끝났다. 그는 먼저 일어났고, 그 사람을 제외한 나머지 사람들은 몰래 다른 자리로 이동했다. 차가 끊긴 늦은 시간이었지만 모든 사람들의 말하고자 하는 욕구를 짓눌러버린 그를 피해 비밀결사조직이 만들어진 것이다!

만약 내가 그 사람처럼 재능 있는 스피커였다면, 오히려 그 재능을 고이 숨겼다가 적절한 타이밍에 '짠' 하고 보여줬을 것이다. 사람들이 충분히 서로에 대한 정보를 공유한 후, 어느 정도 관심이 생겼을 때, 준비했던 위트를 사용하거나 본인의 에피소드를 얘기한다면 그것은 스피치의 '양념'이 된다. 그럴 경우 참석한 이들 모두 '스피치'라는 산해진미를 충분히 즐기며 맛있게 시식할 수 있다. 하지만 모든 음식이 그렇듯, 아무리 뛰어난 재료라 할지라도 양념이 너무 진하다면 음식 본연의 맛을 잃어버리고 결국 음식 자체를 버려야 하는 상황까지 생긴다.

설사 재미있게 말할 줄 아는 재능을 가진 사람이더라도 그 재능을 남발하며 말할 권리를 독점한다면 결국 타인에게 거부감을 불러일으킨다. 그리고 모임의 분위기까지 훼손시킨다. 아름다운 재능이란 타인의 욕구를 막고 일방통행 하는 것이 아니라, '양념'처럼 서로를 아우르며 최소한으로 맛을 낼 때 빛난다는 것을 잊지 말자.

✧ 어디서나 주인공 본능

커뮤니케이션은 일방통행이 아니다. 간혹 일방통행의 스피치를 '화려한 언변'이나 '설득의 화법'으로 오인하고 이를 배우고자 하는 사람이 있는데 이것은 잘못된 생각이다.

조연이나 엑스트라로 남길 원하는 사람은 없다. 누구나 삶의 무대에서 주인공이 되고 싶어 한다. 친구의 결혼식에 초대 받아 가더라도 제일 멋진 옷을 골라 입는 것은 내가 더 주목받고 싶은 욕구가 있기 때문이다. 스피치에서도 마찬가지다. 누구나 본인의 의견을 존중받기 원하며, 공감을 사길 바란다. 그 기회를 훼손하거나 방해하는 사람이 있다면 결코 좋아할 수 없을 것이다.

우리나라 사람들은 어떻게 해야 자신의 의견이 잘 표현될지, 어떻게 해야 자신의 의견이 관철될지에 온 신경이 곤두서있는 것처럼 보인다. '말을 재미있게 하는 방법', '상대를 설득하는 방법', '방송인이나 정치인처럼 말하는 방법' 등이 인기 있는 이유도 여기에 있다. 하지만 우리가 간과하고 있는 것이 있다.

소통을 위해서는 '발화(發話)'보다는 '절제'에 초점을 맞추고, '화자'보다는 '청자'의 입장에서 대화를 끌어나가야 한다.

마이크를 놓지 않고 쉴 새 없이 말해 상대의 기회를 박탈하는 '스팸 스피치', 혹은 '블랙 스피치'는 그 기교가 아무리 화려하고 재능이 출중해도 소통이란 관점에서는 빵점이다.

✧ 'N분의 1 법칙'을 활용하자!

TV토론을 보면 주제에 맞춰 각자가 발언권을 갖고 이야기한다. 상대의 발언 기회를 침해하지 않도록 자기가 할 말을 정리하고 통제해야 하는 것이다. 하지만 일상 속 스피치는 방송처럼 규격화되어 있지 않다. '대화는 룰에 맞춰 하는 것이 아니다.'라는 잘못된 인식 때문에 소위 '말빨'이 있는 사람만이 발화권(發話權)을 독점하게 된다.

자신의 이야기를 엿가락처럼 늘리는 것은 누구나 할 수 있다. 하지만 자신의 생각을 주어진 시간에 간추려 전달하는 것은 결코 쉽지 않은 능력이다. 나의 시간을 적절히 통제하고 타인의 의견을 수용하는 스피치는 대화의 독점 현상을 막고 서로가 불편한 감정을 갖지 않게 해준다.

대화에 참여한 사람들 모두가 자신의 발화권을 존중받고 싶다면 어느 누구도 스피치 시간을 독점해선 안 된다. 전체 대화 시간을 사람 수에 맞춰서 나눠보는 방법이 유용할 것이다. 만약 10명이 한 시간을 이야기한다면, 각자 6분씩 자신의 의견을 이야기하는 것이다.

물론 수학공식처럼 정확하게 지켜질 수는 없을 것이다. 대화가 자연스럽게 오가다보면 화자의 성격에 따라, 대화 주제에 대한 관심도에 따라 스피치 시간이 달라질 수 있다. 하지만 그 누군가가 6분이 아닌 20분을 독점하고 나머지의 사람들이 그 시간을 온전히 즐기지 못 하는 상황이 발생한다면 누군가가 자연스럽게 MC의 역할을 해야 한다.

"아, 그렇구나. 재밌는 이야기네. 근데 승건아, 너 이번에 외국에 나갈 수도 있다면서? 와이프는 어떻게 생각해?"라고 물어보며 발화권을 다른 사람에게 넘겨주는 것이다.

◇ 말하고자 하는 욕구 다스리기

사람들은 본능적으로 말하고자 하는 욕구는 크고 듣고자 하는 욕구는 적다. 대부분 상대방의 이야기를 정성껏 듣기보다는, 말이 끊어지는 틈을 이용해 본인이 말할 기회를 잡으려고 한다. 그래서 요즘은 말에 대한 욕구를 잘 다스리는 사람을 높이 평가하고 '말하기'보다는 '듣기'를 권유한다. '경청의 힘'을 강조하는 것이다.

사실, 말하고자 하는 욕구를 잘 다스린다면 듣고자 하는 욕구는 자연스럽게 따라온다. 내가 어떤 것을 말하고자 한다면 그것이 정말 상대방에게 유익한지, 상대방의 욕구를 충족시키는 메시지인지, 오히려 그 말로 인해 상대의 발화 욕구를 가로막는 것은 아닌지 진지하게 고민해보자. 그러다 보면 자연스레 불필요한 말이 줄어들고, 상대방이 무엇을 원하는지 파악하기 위해 경청을 하게 될 것이다. 적어도 마구 쏟아내는 '블랙 스피치'만은 절대 하지 말자.

03

과거에 도취되어 말한다

✧ "왕년"의 병에 빠진 사람들

우리는 어떤 정치적 이념과 사상을 가지고 있느냐에 따라 '진보' 또는 '보수'라는 이름표를 붙인다. 그 이름표가 그 사람을 온전히 반영한다고 볼 수는 없지만 그 사람의 가치관을 확인할 수 있는 판단 근거가 된다는 점에는 이견이 없다.

    스피치 역시 남이 써준 대본을 줄줄 읽지 않는 한 자신의 가치관을 반영하게 되며, 이렇게 자기 가치관이 반영된 스피치는 크게 세 가지로 나뉜다.

    첫째, 미래를 말하는 스피치

둘째, 현재에 안주하는 스피치

셋째, 과거에 도취된 스피치

나는 과연 어디에 속하는 사람일까? 혹시, 과거에 도취되어 늘 옛날 얘기만 하는 사람은 아닐까?

"내가 예전에 해병대 다녔을 때는 장난 아니었어. 호림이 너처럼 강의도 했고, 영화배우 제의도 많이 받았지. 20년 전에 내가 말이야. 그땐 정말 화려했다! 지금은 비록 이래도……"

선배 A는 사람들만 모이면 항상 과거를 말하곤 한다. 그는 자기가 말한 대로 화려한 과거를 살던 사람이었다. 형수님 말씀에 의하면 그는 키도 크고 얼굴까지 잘생긴데다가 적극적인 성격이라 뭇 여성들에게 인기가 많았다고 한다. 안타깝게도 현재의 A는 소위 '왕년에 잘나가던' 시절과는 대조적으로 '잘 못 나간다.' 하지만 그보다 더 안타까운 것은 그 화려한 과거에 취해 계속 옛날 얘기만 한다는 것이다.

그는 현재와 미래에 대해서는 거의 얘기하지 않는다. 늘 과거만 이야기하는 그는 과거의 유령이다.

중년의 남자들 가운데 30년 전의 해병대 이야기를 밥 먹듯 하는 사람들을 볼 수 있다. 그 화려하고 치열했던 군 복무의 기억을 품에 안고 사는 것이다. 거기까진 좋은데, 아직도 빨간 색 모자에 해병대 옷을 입고 다니면서 군대식 용어를 쓰는 사람들도 어렵지 않게 볼 수 있다. 모두 과거의 기억에 취한 사람들이다.

  과거는 지나간 기억이지 절대 현재의 삶이 아니다. 그 기억에 도취돼 현재와 미래를 말하지 못하는 것은 바람직하지 않다.

  과거형 스피치를 듣는 청자는 불편하다. 과거의 역사를 통해 교훈을 느끼는 것은 그 나름대로 의미가 있지만 그것에 도취되어 현실과 미래를 이야기하지 못한다면 그 스피치는 실패한 것이며, 죽은 것이다. 유령의 스피치다. 현실에 존재하지 않는 유령의 말에 진정으로 귀를 기울여줄 사람은 없다.

  '왕년의 해병대 이야기'는 이제 그만하자. 오히려 지금 해병대와 같은 치열한 삶을 살고 있는지 반성하고 미래를 디자인해보자. '왕년의 해병대 이야기'는 그저 '블랙 스피치'로 기억될 뿐다. 존경받는 사람은 현재와 미래를 논하는 사람이지, 과거의 기억을 파먹고 사는 사람이 아니다.

비판이 아닌
비난을 한다

◆ 비판과 비난은 종이 한 장 차이

얼마 전 대선을 앞둔 TV 토론회에서 각 당의 대표가 나와서 토론을 벌이는 것을 보았다. 건설적 비판을 통해 바람직한 대안을 창출하자는 것이 애초의 목표였지만 시간이 지날수록 서로를 맹비난하는 데만 집중하는 것을 볼 수 있었다.

"지금 의원님은 제 말에 대해서 도무지 이해가 안 되시는 것처럼 보이는데요?"

"이보쇼. 거참, 말하는 데 중간에 껴들지 마슈. 사람이 기본이 안 되어 있네 참."

결국 토론은 건설적 대안과는 전혀 상관없는 전쟁이 되었고, 토론자들은 상대의 말투 하나하나에 촉각을 곤두세우고 서로를 향해 으르렁댔다. 이를 파악한 사회자가 재빨리 다른 화제로 바꿔 큰 싸움으로 번지지는 않았으나 이미 가슴속에 상처는 남은 상태였다.

왜 이런 상황이 벌어졌을까? 사실 두 토론자들은 대안에 대한 합의를 목적으로 토론을 시작했다. 하지만 그 의견에는 당론과 자기 가치관이 응축되어 있기에, 그에 대한 반대는 곧 당과 자신에 대한 반대라 생각하는 것이다. 반대 의견을 마주할 때는 기분이 팍 상해버리는 것이다.

그렇다면 우리에게 정말 건설적 토론문화란 있을 수 없는 것일까? 정말 멋지게 토론하고 산뜻하게 헤어질 수는 없는 것일까?

✧ 같은 듯하지만, 완전히 다른 두 친구

토론에 앞서 우리는 어떤 친구와 손을 잡을 것인지를 정해야 한다. 어떤 친구를 선택하느냐에 따라 토론의 성공과 실패는 정해져 있다.

'비판 씨'는 지극히 냉철하고 내성적인 성격을 가지고 있다. 사실에 집중하고 약간의 오차도 쉽게 발견하는 치밀한 성격이다. 하지만 상대의 기분을 상하게 하는 말을 하진 않는다. 쉽게 말해 멈출 때를 아는 친구다. 그래서 친구들은 비판 씨가 하는 말을 신뢰하며, 그를 싫어하지 않는다. 오히려 그는 인기가 많고 사람들이 따르는 편이다.

'비난 씨'는 이와는 좀 다르다. 그는 열정과 패기가 있으며, 무슨 일이든 한 번 하면 뿌리를 뽑는 화통한 성격을 가지고 있다. 하지만 다혈질적인 성격으로 인해 사람들이 상처를 받는다. 그의 말에는 좀처럼 브레이크가 없다. 상처를 받는다고 생각한다면 그만해야 하는데 그의 말은 불도저같이 저돌적이다. 그의 주위에 남아있는 사람들이 거의 없다.

우리는 토론을 할 때 좋든 싫든 2가지 유형의 친구 중 하나를 선택해야 한다. 당신은 '비판 씨'와 '비난 씨' 중 누구를 친구로 삼고 있는가? 스스로에게 질문을 던져 보자.

◆ 비난, 마이너스에서 출발하는 그들만의 리그

나는 사실 '비난 씨'와 절친이었고, 일상에서 외로움이라는 친구와 항상 마주해야 했다. 사람들은 나의 말에 지쳐 하나둘 떨어져 나갔다. 시간이 흐른 뒤에서야 내가 잘못된 친구를 사귀었다는 걸 깨달았다. 하지만 시간은 너무 흐른 뒤였다.

누구나 자신의 의견이 존중받길 바란다. 그것이 틀린 의견이라 할지라도 말이다. 우리 사회는 흔히 '틀림'이 아닌 '다름'을 인정하자는 말을 많이 한다. 그러나 나는 그런 말을 하고 싶지는 않다. 분명 의견에는 참과 거짓, 선과 악이 내재되어 있고 어떤 가치관, 어떤 신념을 선택하느냐에 따라 행동에 영향을 받게 되기 때문이다. 의견은 비판을 받을 수도, 칭찬을 받을 수도 있다. 사실 갈등이 생기는 것은 '어떤 의견이냐'의 문제가 아니라 '어떤 반응이냐'의 문제이다.

비난을 하는 사람은 흔히 '비난은 비난일 뿐'이라고 말한다. 하지만 비난을 하는 즉시 화자는 비난을 하지 않은 사람들과 동등한 대우를 받을 수 없다. 마이너스 베이스에서 출발해야 하는 것이다. 그것을 상쇄하기 위해 화자는 훨씬 더 많은 노력을 기울여야 한다. 마치 100미터 달리기를 하는 선수가 열 걸음 뒤에서 출발하는 것과 같다. 그의 말이 진실이고 아니고는 상관없다. 설사 같은 의견을 가진 제3자들이라도 그에게서 멀어지기 쉽다. 그는 이미 감성적 공감영역에서 낙제점을 받았기 때문이다.

◈ 스마트한 비판의 법칙

처음에는 비판하기에 앞서 상대방이 어떤 의견을 가지고 있는 지에 초점을 맞추자. 이해에서 비롯된 비판을 할 때 상대방은 기꺼이 수용하게 된다. 그리고 다음과 같이 '9대 1의 법칙'을 활용해보자.

> **Speech point** 객관적 사실 인지 9 : 주관적 견해 1

A: "김 교수님의 의견에 반론을 제기합니다. 제 데이터를 보시죠."
B: "네, 제 답변을 충실히 이해해주셔서 감사합니다. 분명 말씀하신 내용이 맞습니다만 교수님이 갖고 계신 데이터 중 2면은 2007년 자료라서 지금의 상황을 정확하게 설명하기엔 부족해보입니다. 하지만 이해합니다. 저 역시 비슷한 실수를 했었으니까요."
A: "아, 그렇군요."

B는 먼저 상대방이 자신의 의견을 경청한 것에 대해 감사를 표하고 있다. 또한 데이터 상의 오류가 그 의견의 잘못이 아닌 시간의 경과에 따른 것임을 말하고 있다. 그리고 자신 역시 그러했다고 말하고 있다. 말의 내용 중 그의 비판적 견해는 데이터가 과거의 것이라 적절하지 않다는 내용이 잠시 언급되었을 뿐이다. 기분 나쁠 것이 없다. 비판의 대상은 콘텐츠이지, 그 콘텐츠를 말하는 화자가 아닌 것이다. 이 상황에서 누가 화를 낼 수 있을까?
 이러한 토론 속에서는 서로 간 벌어진 인식의 격차가 줄어들고 점차 합의점에 가까워진다. 우리가 걱정하는 '토론 후 적대감'은 애초에 발생하지도 않는 것이다. 하지만 많은 사람들은 이 사실을 모른 채 너무 쉽게, 너무 빨리 콘텐츠 제공자에게 비난의 활시위를 당긴다.

◇ 비판하는 목적을 확실히 하라

토론의 목적은 무엇인가. 당연히 사실에 대한 이해와 문제점에 대한 비판이다. 악의를 갖고 있는 게 아니라면, 토론장에 나와서는 주제에 따른 반론만 제기하려 했을 것이다. 하지만 비판이 점차 기분을 상하게 하면 곧바로 비난을 선택하게 된다. 그가 하는 말이 틀린 게 아니라, 말하는 그가 미워지는 것이다. 그래서 처음 의도와는 다르게 콘텐츠가 아닌 콘텐츠 제공자에게 총구를 겨눈다. 이것은 분명 오조준이며, 설사 명중했다 하더라도 실격이다.

토론장이 아닌 일상 대화에서도 이런 일은 비일비재하다.

"부장님, 이번 프로젝트 실패는 콘셉트 선택이 문제였습니다."
"김대리. 뭐가 맘에 안 들어? 왜 자꾸 태클이야!"

"아빠, 요즘 젊은 사람들은 그렇게 생각 안 해요."
"너 임마, 말하는 게 일단 잘못됐어. 숙제는 다 했어?"

나 역시 대화를 하다 보면 상대가 간혹 화를 낼 때가 있다. 이때 나는 비판의 화살을 즉시 내려놓는다. 이미 상대는 마음이 닫혀있기 때문에, 내가 그 마음을 다치게 했기 때문에, 그 직후에는 어떤 말을 해도 도무지 통하지 않는다.

스피치는 인간과 인간을 연결해주는 유일한 소통 창구다. 하지만 이 소통 창구가 훼손된다면 아무리 좋은 내용이라도 온전히 소통의 길을 통과하지 못한다. 하수관이 더럽혀져 있다면 정수 과정을 거친 물 역시 오염되는 것과 마찬가지 원리다. 그러니 상대가 마음을 다친 것을 인지하는 즉시 일단 다른 방법을 생각해내야 한다.

그런데 우리의 토론 문화는 이 더러운 물을 정화시키기는커녕, 흙탕물 안에서 더 큰 싸움을 벌인다. 남는 것은 상처밖에 없는데도 말이다. 특히 우리의 정치 토론장은 비판이 아닌 서로를 깎아내리고 헐뜯는 '비난장', '싸움장'이 되어 버렸다. 결국 정책에 대한 합의점을 도출하는 것은 요원한 일이 되고 만다.

비판을 하는 사람은 이 토론을 왜 하는지에 대한 목적을 확실히 하고, 또 비판의 말을 듣는 사람은 그것이 의견에 대한 비판인지 사람에 대한 비난인지 객관적으로 생각해야 한다. 그럴 수 있다면 토론장에서 서로를 헐뜯는 '감정적 비난'이라는 최악의 상황을 모면할 수 있다.

감정적 비난은 토론의 막장에나 선택하는 최후의 수단이다. 그 치졸한 방법을 우리 사회는 너무도 빈번하게 사용하고 있다. 그러한 블랙 스피치가 조금씩 개선되어 갈 때 그렇게 바라던 소통의 길을 걷게 될 것이다.

웬만하면 반말하고 본다

◆ **어린이도 싫어하는 반말**

초등학교 시절, 나는 이곳저곳 전학을 다녔다. 전학을 가면 제일 먼저 학교 앞 문방구에 들러 100원짜리 싸구려 조립식 로봇을 사곤 했는데, 이날도 로봇을 사려고 새로 전학 간 학교 정문 앞 문방구에 들어갔다.

"아저씨, 조립식 로봇 어디에 있어요?"

아저씨는 어린 아이가 싸구려 장난감을 사러 왔다는 생각 때문인지 귀찮은 듯 손가락질하며 소리를 버럭 질렀다.

"엄마, 저기! 들어가 보면 있잖아!"

당시 초등학교 2학년이었던 나는 기분이 상해 한동안 그곳 주변에도 가지 않았다. 대신 상가 근처의 다른 문방구로 갔다. 이 문방구의 아주머니는 웃으며 인사하셨다.

"꼬마 신사님, 어서 오세요. 뭘 찾으시나요?"

가격이 조금 비싸긴 했지만 어린 나를 어른처럼 존중해 주고, 물어보는 질문에 친절하게 대답해주는 아주머니가 마냥 좋았다. 그 후 꼭 사러 갈 물건이 없는 날에도 으레 '드림 문방구'에 들렀다.

지금도 그 자리에 '드림 문방구'가 있을지 모르겠지만, 혹시 날 기억하신다면 자그마한 선물이라도 들고 인사하러 가고 싶다. 20년이 훌쩍 지났지만 나에게 '존중'을 알려주신 아주머니는 지금도 아름다운 기억으로 남아 있다.

◆ 나보다 어리면 무조건 반말해도 되나요?

어느 날 중년의 여행사 대표님이 스피치 교육 후 감사하다며 식사 대접을 하고 싶다고 했다. 우리는 함께 한정식 식당에 갔고, 배가 고파서 자리에 앉자마자 주문을 했다. 그런데 고등학교를 갓 졸업한 듯 보이는 앳된 여자 종업원이 자리로 오자, 대표님은 평소에 알던 사람에게 하듯 주문을 했다.

"어이~ 여기. 주문 좀 받아줘. 여기 잘하는 거 뭐 있어? 아, 그래? 일단 그걸로 하고, 나머지는 이따가 다시 주문할게."

낯 뜨거운 상황이었다. 비록 그 종업원이 어린 나이로 보이기는 했지만 처음 보는 사람에게 시종일관 반말을 하는 대표님이 영 보기가 좋지 않았다. 나름 커뮤니케이션 강사라는 사람이 가만히 있을 수 없었다.

"대표님, 그렇게 반말하시면 뒤에서 욕해요. 아무리 어려도 존중해주셔야죠."
"아이고 강사님. 제가 집에 가면 쟤네 또래 딸이 있습니다. 허허, 괜찮습니다. 별 것도 아닌 걸 가지고 왜 그러십니까? 허허."

그날 대표님은 몇 번 더 종업원을 호출했는데, 주문을 받은 직원은 물론 거기에 있는 모든 직원들이 우리가 나갈 때까지 기분 나쁘다는 표정으로 이쪽 테이블을 보고 있었다.
물론 대표님의 말대로 집에 저 또래의 딸이 있을 수 있다. 하지만 거긴 집이고, 여긴 밖이다. 사람은 성인이고 아니고를 떠나 똑같은 인격체로 존중해야 하며, 특히 처음 만난 사람에게는 상대의 지위나 나이를 떠나 존대를 하는 것이 예의다.

상대방이 자신보다 어리다고, 또 지위가 자신보다 낮다고 무조건 반말부터 하는 어른들이 있는데, 이것은 잘못된 인식에서 비롯된 행동이다.

◇ 반말의 심리적 배경

우리말에는 특별하게도 '존칭'이라는 것이 있다. 존칭은 존경과 약간의 거리감을 표현한다. 반면 '반말'은 업신여김이나 친밀감을 표현할 때 쓴다. 그렇다면 만나자마자 반말을 하는 사람들의 심리에는 어떤 배경이 숨어있을까. 크게 2가지로 나눌 수 있다.

첫째, 상대와 유대감을 형성하고 싶어서다. 우리는 처음 보는 사람과 유대관계를 맺기 위해 반말을 쓴다. 흔히 나보다 연장자이거나, 지위가 높은 사람보다는 손아랫사람이 먼저 제안하는 경우가 많다. '언니, 동생, 형, 아우'라는 명칭으로 서로의 역할을 나누고 서로 의지하며 유대감을 형성하는 것이다. 수평적인 관계에서 용납되지 않던 행동들이 '형, 동생'이라는 카테고리에 들어가면 어느 순간 아무것도 아닌 것처럼 용인되기도 한다. 또 상대와 이미 친해졌다고 생각하는데 계속 존칭을 쓰게 되면 오히려 '날 멀리하는 건가.'라는 생각이 들어 반말을 제안하기도 한다.

하지만 반말에 대해 상대가 기분 나빠한다면 처음의 목적인 유대관계 형성과는 전혀 다른 방향으로 상황이 흘러가고 있는 것이므로 즉시 중단해야 한다.

둘째, 나와 상대를 구별하고 우위를 점하고 싶어서다. 우리는 상대가 나와 동등하거나 우월한 조건을 갖고 있을 때 함부로 반말을 쓰지 못한다. 자칫 잘못하다간 기분을 상하게 할 수 있기 때문이다. 하지만 대부분의 경우 상대가 나보다 약자이거나 어리다고 판단하면 반말을 하려 한다. "저기요, 나보다 어려 보이는데, 말 좀 편하게 해도 되죠?" 이렇게 강요 아닌(?) 강요로 반말을 시작하면, 상대에 대한 존중은 온데간데없이 실종되고 만다. 반말을 하는 순간 상대방이 나보다 부족한 사람으로 인식되고, 그러면 이내 가르치려는 습성이 생기고야 만다. 갑자기 인생의 선배로서 어쭙잖은 조언 따위를 하는 사람이 되는 것이다. 상대가 원하든 원치 않든 '나는 당신보다 나이가 많고 여러 가지 경험과 지식이 우월하다.'는 근자감(근거 없는 자신감)이 생긴다. 물론 상대는 서서히 마음속으로부터 나를 멀리하기 시작한다. '지가 나에 대해 뭘 안다고 저래?' 반말을 하며 가르치려는 상대가 우습게 보이기까지 한다.

◈ 상호 간의 동의 없는 반말은 위법

반말은 상대가 나보다 연소자거나 계급이 낮을 때, 동의하에 쓰는 말이다. 간혹 연소자라면 상대의 동의 없이 반말을 해도 된다고 생각하는데, 잘못된 생각이다. 나는 그 어떤 상대든, 성인이 아닌 고등학생, 초등학생일지라도 먼저 요청하지 않는 한 쉽게 반말을 하지 않는다. 반말을 하는 순간 존중에 대한 경계선이 모호해지고, 상대를 얕잡아보려는 내 안의 아주 나쁜 마음이 싹트는 것을 알기 때문이다.

우리 모두가 존칭에 대해 다시 한번 개념을 재정립할 필요가 있다. 존칭은 불특정 다수에게 모두 적용되지만, 반말은 서로가 동의한 극히 일부에게만 적용될 수 있다. 부모와 자식 간, 선생과 제자 사이의 특수한 경우를 제외하곤 평등한 입장에서 대화하는 것이 좋다. 그래야 블랙 스피치가 싹틀 틈이 없는 건강한 소통이 가능하다.

◈ 하대는 쉽고, 존중은 어렵다

독일에서 대학원을 다니던 와이프와 연애하던 시절, 우리는 몇 달간 유럽여행을 간 적이 있었다. 새로운 언어와 문화, 그리고 화려한 건물들에 감탄하며 신세계 속의 황홀감에 빠졌다. 하지만 내가 진정 놀라웠던 것은 건물이나 음식이 아니고 그들이 사람을 대하는 방식이었다.

유럽인들은 처음 본 사람이라 할지라도 서로의 동의하에 볼을 비비고 손을 잡는 가벼운 스킨십을 취한다. 일종의 인사이며 친밀감의 한 표현이다. 하지만 반대로 아이는 함부로 만지지 않는다. 절대 노터치(NO-TOUCH)다. 아이는 성인에 비해 의사 표현이 서툰 약자이기 때문에 보호하고 존중해주는 것이다.

하지만 우리의 경우 어떤가. 오히려 반대이지 않은가. 어른에게는 함부로 하지 못하지만 아이에게는 동의 없이 스킨십을 하고 반말하는 것을 당연하게 여긴다. '동의 없는 반말'에는 상대를 업신여기고 하대하려는 '못된 심리'가 내포되어 있다.

단순히 몇 년의 세월을 더 살았다고 해서 무조건 어른인 것은 아니다. 어른은 인격적으로 성숙한 사람이며, 통찰의 지혜가 있는 사람이다. 인격적 성숙도를 파악하는 가장 쉬운 방법은 겸손과 존중이다. 벼는 익을수록 고개를 숙인다. 상대가 누구인지에 관계없이 존중하려는 태도와 신념을 가진 사람, 그가 바로 어른이다. 하대하는 것은 학습하지 않아도 누구나 할 수 있다. 진짜 어렵고 학습해야 하는 것은 상대가 어떤 사람이더라도 존중하려는 태도이다.

우리나라에서는 아직도 연장자가 연소자를 하대하는 것을 아무렇지 않게 여긴다. 나이를 벼슬 삼아 내가 우위에 있다는 것을 강요한다. 하지만 계속 나이 탓을 하며 블랙 스피치를 한다면, 아무도 당신을 존중하지 않을 것이다.

06

오직 힘으로만 말한다

◆ **권위로 사람을 찍어 누르는 스피치**

나는 강사로 활동하기 전에 특급호텔에 근무한 적이 있었다. 당시 갓 입사한 신참내기였던 나는 막내로서 눈치를 살살 보며 회사에 적응해 나가고 있었다. 그렇게 한 달쯤 됐을 무렵, 프런트 부서 회의를 하고 있는데 팀장님이 내게 질문을 던졌다.

"호림 씨, 혹시 객실에 건의할 내용이 있어? 우리들은 여기서 일한지 오래 돼서 뭐가 잘못된 건지 잘 몰라. 호림 씨가 말해줘 봐."

평소에 객실의 환기가 충분히 되지 않아 담배연기가 남아 있고, 손님에게는 그 냄새가 참 불쾌할 것이라 생각했다. 그래서 청소를 할 때 충분히 환기를 시켜주고, 환기되지 않은 객실은 아예 판매하지 말아야 할 것이라고 조심스레 말씀드렸다. 하지만 돌아온 답변은 싸늘했다.

"우리 요즘 성수기인 거 알잖아. 매일 객실이 부족해서 문제라고. 아직 입사한 지 얼마 안 돼서 잘 모르나 본데, 요즘 중국인들 명절기간이야. 새벽같이 와서 Early-check-in(일찍 객실에 들어가는 것) 해달라고 하는데, 환기하느라 지체돼서 다른 호텔로 가면 어떡해?"

팀장님은 고무적인 회의 분위기와는 반대로 나의 의견을 묵살했고 회의는 종료되었다. 그런데 두 달 후에 큰 문제가 터지고 말았다. 우리 호텔 객실이 담배 냄새가 심하다는 소문이 인터넷을 통해 중국 관광객들 사이에 빠르게 퍼졌고, 객실 점유율은 점차 하락했다. 급기야 투숙률이 절반 수준으로 떨어졌을 때, 총지배인님은 객실 담당자들을 비상소집해 회의를 열었고 나 역시 참석하게 되었다.

"다들 아시다시피 우리 호텔은 고객만족도가 굉장히 높은 호텔입니다. 하지만 무슨 일인지 지난 3월부터는 객실점유율이 갈수록 떨어지고 있어요. 내 생각엔 객실 내 담배냄새가 가장 큰 원인인 것 같아요. 청소시간이 부족한 것은 알지만 우리가 조금 손해를 보더라도 충분히 환기가 되지 않은 객실은 판매하지 마세요."

총지배인님으로부터 그 지시가 떨어지자마자 팀장님은 객실 청소 담당자들의 매뉴얼을 바꾸었고, 청소를 다 한 객실이더라도 냄새가 난다면 판매하지 않겠다는 원칙을 지켰다. 그래서인지 객실의 상태는 나날이 좋아졌고, 고객들의 신뢰도 회복되어 석 달 만에 객실점유율은 100퍼센트에 달하게 되었다.

나와 총지배인님의 의견은 동일했다. 하지만 내 의견은 묵살되었고 총지배인님의 지시는 큰 영향력을 발휘했다. 왜 그랬을까?

나는 막내였고, 아무 권위도 갖고 있지 않았다. 반면 총지배인님은 호텔 내에서 가장 큰 권력을 갖고 있었다. 입사 한 달 차 신참내기의 스피치와 총지배인님의 권력이 실린 스피치는 파급력이 다를 수밖에 없다.

이처럼 말이란 것은 권력을 소유하는 순간 힘을 발휘하게 된다. 문제는 말하는 사람이 자기 권력을 과신해서, 설득하는 스피치가 아니라 권위로 사람을 찍어 누르는 스피치를 하는 경우가 많다는 것이다. 그것은 틀림없이 '블랙 스피치'다. 그리고 너무나 많은 사람들이 이런 블랙 스피치를 한다.

권력을 내세워 블랙 스피치를 하는 경우는 크게 세 가지다. 첫째는 나이를 내세워서, 둘째는 성별을 내세워서, 셋째는 지위를 내세워서 스피치를 하는 것이다.

✧ 어디서 어린놈이 자꾸 대들어!

대한민국 사회에서는 연장자를 존중하는 것을 아주 중요한 덕목이라고 생각한다. 나이에 따라 경험의 폭이 달라지게 마련이므로 어느 정도는 손윗사람을 존중하는 것이 맞다. 문제는 이것이 지나쳐 하나의 권력으로 사용되는 경우가 많다는 것이다. 연장자라고 해서 모든 일에서 뛰어난 것은 아니며, 연소자라고 능력이 부족한 것은 아니다. 나이는 비록 어리지만 전문분야에 탁월한 능력을 발휘하는 경우가 많이 있으므로, 그런 경우 존중해주고 배우려는 자세를 가져야 한다. 하지만 우리 주변엔 연소자를 너무 하대하거나, 그의 의견을 자칫 '버르장머리 없고 싸가지 없는' 권위에 대한 도전으로 받아들이는 일이 많다. 아무리 좋은 의견이라도 연소자라는 이유로 묵살해버린다.

고등학교 시절, 매점에서 한 학생과 주인아저씨가 말다툼을 하고 있었다. 아저씨의 계산이 의심스러웠던 학생이 영수증을 요구했고, 다시 계산을 해보니 아저씨가 2,000원을 더 받은 것이다. 아저씨는 본인의 과오를 인정하고 사과하면 될 것을, 자꾸 학생의 나이를 걸고 넘어지는 게 문제였다.

"어디서 어린놈이 자꾸 대들어!"
"아저씨, 대드는게 아니고요, 아까 돈 더 받으신 거 환불해주세요."
"야, 임마! 내가 집에 너 만한 아들이 있어!!"

아무리 봐도 이 대화는 끝이 날 것처럼 보이지 않았다. 쉬는 시간이 지나 그 말싸움은 종결되었지만 아저씨는 시간이 지나도 좀처럼 화가 식지 않으시는 듯했다. 그 매점 아저씨는 자꾸 이 말을 되뇌며 분을 이기지 못했다.

"어디서 어린놈이!"

주변에도 이런 블랙 스피치를 하는 사람들을 많이 본다. 사회생활을 하다보면 수많은 사람과 만나게 되는데 언뜻 나보다 연소자라고 판단하는 순간 상대방을 업신여기며 하대하게 되는 것이다.

"아직 김 대리가 어려서 잘 모르나 본데……"

상대방의 의견에 부족한 부분이 있다면 기분을 상하지 않게 하는 범위에서 직언을 해주는 것이 바람직하다. 하지만 상대방의 의견을 비판하는 것이 아니라 나이를 보고 경솔하게 판단하고 하대하는 스피치는 건강한 소통을 방해하는 블랙 스피치다.

◇ **여자가 말이야!**

요즘은 여성들이 각 조직과 문화에서 힘을 발휘하면서, 여성의 인권과 지위가 점차 개선되어 가고 있다. 하지만 이런 상황이 현실의 스피치에 적용되기엔 시간이 더 필요한 듯하다. 아직도 가부장적 관습을 앞세워 스피치를 하는 사람이 많기 때문이다.

"여자가 말이야, 왜 자꾸 나서서 그래?"
"그만 좀 달아! 여자가 좀 고분고분한 맛이 있어야지."
"저 여자 말하는 거 보니, 참 드세다. 그치?

뚜렷한 주장을 펼치는 여성은 의사 표현을 잘 하는 사람이다. 그러나 남성중심주의를 벗어나지 못한 사람들은 그런 여성을 '말 많고 성격 드센 여자'로 정의해 버린다. 여성이 자기주장을 하는 것을 나대는 것이라 폄하하며 불편해하는 것이다. 이런 구시대적인 의식은 평등한 스피치를 방해하는 장애물이다. 여성이 각 기관과 집단에서 큰 힘을 발휘하는 지금, 그들의 말을 제대로 듣지 않는다면 어디서건 도태되고 말 것이다.

✧ 내가 슈퍼 갑(甲)이야!

'지위'는 권위를 내세우는 블랙 스피치에서 가장 조심해야 할 요소다. 높은 지위에 있다면 때로는 원치 않더라도 블랙 스피치를 하게 되기 때문이다. 그러니 언제나 자신이 하는 말에 권력이 실려 있지는 않은지 고민해야 한다. 아랫사람에게 말할 때도 콘텐츠 자체로 '설득'을 해야지, 권력을 실어 고압적으로 말한다면 실패다. "이러저러한 문제 때문에 이렇게 바꾸어야 하네."가 아닌 "사장이 하는 말이니까 네가 들어야지."라고 말하는 것이 블랙 스피치다. 당장은 그가 내 의견을 받아들이고 내 뜻대로 움직이더라도, 그의 마음을 움직이지는 못한다.

철저한 위계질서로 움직이는 조직에는 어쩔 수 없이 불통이 판을 친다. 불통이 당장은 아무렇지 않은 것처럼 보이지만 누적되고 시간이 지나면 결국 상처와 대립으로 발전한다.

이는 회사 내부의 문제만은 아니다. 비즈니스 상의 갑을관계에서도 마찬가지다. 얼마 전 지방 부처의 한 교육 담당자로부터 전화를 받았다. 일요일에 와서 교육을 해 달라는 요청이었다. 일요일에는 강의를 하지 않기 때문에 거절하려는 찰나, 그 사람으로부터 이런 말을 들었다.

"어차피 저는 강의 기회를 드리는 입장이고요, 대체할 강사는 얼마든지 많아요. 하실 건지 마실 건지만 빨리 말해주세요."

기분이 나빠졌다. 그가 철저히 갑의 입장에서 고압적인 자세를 취했기 때문이다. 이러한 생각을 하고 있는 교육 담당자라면 강의를 하지 말아야겠다고 생각했다. 강사로서 존중받기도 어려울 것이고, 그가 기획한 교육에서 최상의 강의를 할 수 없을 것 같아서다.

◆ 콘텐츠로만 맞짱 뜨는 바람직한 사회

우리나라 가정에서는 10대 아들과 50대 아버지가 서로 토론하기 어렵다. 왜일까? '콘텐츠 대 콘텐츠'의 스피치가 아니라, 화자의 권력이 개입되기 때문이다. 상대가 지위나 나이를 내세워 대화를 시작하면 상대는 입에 자물쇠를 채울 수밖에 없다. 윗사람에게 자신의 의견을 정확하게 피력하는 것이 '예의 없고 싸가지 없는 행동'이 될까 봐, 그냥 윗사람이 원하는 말이나 하며 잠자코 있게 되는 것이다. 그래서 50대 아버지의 권위에 눌린 10대 아들은 소통을 꺼리고 자신의 방문을 걸어 잠그기 쉽다. 약자에게 왜 나오지 않느냐고 소리치지 말자. 그 방문은 안에서 잠긴 것처럼 보이지만, 실은 밖에서 잠근 것이다.

　혹 내가 권력을 갖고 있다면 자신보다 권력을 가지지 못한 사람의 의견에 귀를 기울이자. 옳은 의견이 지위 때문에 묵살되지는 않는지 주의를 기울이자. 화자의 권력에 따라 스피치에 힘이 실리는 사회엔 발전은 없다. 진정으로 마음을 움직이는 것은 콘텐츠이지 권력이 아니다.

07

말할 때 다르고, 들을 때 다르다

◈ 목적만 뚜렷한 스피치

얼마 전 집에서 가전제품 AS를 받고, 며칠 후 확인 전화를 받았다. 다른 모든 점에서 만족스러웠지만 한 가지가 아쉬웠다고 대답했다. AS 기사가 약속시간보다 3시간이나 늦어 어쩔 수 없이 계획된 스케줄을 놓치고 지인을 하염없이 기다리게 했던 것이다. 물론 사정을 잘 설명해서 큰 문제가 되진 않았지만 신뢰가 무너진 것은 어쩔 수 없었다. 다른 분들은 그런 불편을 겪지 않도록 시간 약속을 잘 지켜주시길 바란다고 건의하고 싶었다.

"고객님, 저희 기사님의 수리가 맘에 드셨나요?"
"네, 만족합니다. 그런데……"
"(가로채어) 만족하신다면 5점 만점에 몇 점 주시겠습니까?"
"저……, 4점 드릴게요."
"감사합니다. 기분 좋은 하루 되시길 바랍니다. 상담원 OOO였습니다."
"아, 네……"

  상담원이 나에게 전화한 목적은 확실하다. 수리 기사의 고객 응대를 점수로 매기고자 하는 것이다. 하지만 그런 일도 결국은 고객만족을 실현하기 위한 하나의 방편에 불과하다. 이 대화에서 진짜 중요한 것은 고객의 불편을 직접 듣고자 하는 적극적 태도였다.
  비슷한 일이 또 있었다. 컨설팅 하는 장소를 대관하기 위해 예약을 했는데 고객사의 일정이 변경되어 불가피하게 연기를 해야 했다. 전화 상담원에게 취소를 부탁하고, 궁금한 다른 내용이 있어 질문하려는 찰나, 상담원의 말이 이어졌다.

"고객님, 어쨌든 결론은 저희가 일정 취소를 해 드리면 되는 거죠?"
"아, 네. 그렇죠. 다만……"

  낯 뜨겁고 어색한 기운이 맴돌았다. 상담원의 목적이 너무나도 분명해 다른 질문을 할 여지가 없었다. 마치 내가 일정 연기 이외의 것을 애기하면서 그 사람의 바쁜 시간을 빼앗는 듯한 불편함이 느껴져서 얼른 전화기를 내려놓았다.

나의 목적과 그의 목적이 일치되지 않는 순간이었다.

◆ 대화의 목적만 앞세우면 진심의 소통은 어렵다

"아, 그래서 결론이 뭔데요?"

이런 말을 자주 하는 사람이 있다. 진정한 스피치란 무엇일까? 자신의 생각과 상대의 생각이 서로 교류하는 것만일까? 혹은 정보를 교환하는 것? 이것은 스피치 개념의 일부지 그것으로 모두를 설명하기엔 부족하다. 진심의 소통은 목적만을 가지고 이야기하지 않는다.

장사꾼이 물건을 팔 목적으로 환심을 샀다가 판매가 끝난 뒤 흔적도 없이 사라진다면 남겨진 사람은 허탈감이 들고 왠지 이용 당했다는 생각이 든다. 우리의 일상 대화 역시 어떤 목적만을 위주로 이뤄진다면 딱딱하고 상투적인 서체로 정보만 교류하는 '비즈니스 메일'과 다를 바 없다. 스피치는 어떤 목적을 달성하기 위한 행위가 아니다. 대화의 목적을 염두에 두고 있더라도 상대를 배려하고 상대방의 거친 속내를 공감하려는 노력이 필요하다. 진심의 소통은 목적을 최우선으로 생각하지 않지만, 상대의 공감을 이끌어냄으로써 원하는 목적 그 이상을 달성하는 경우가 훨씬 많다.

✧ 예상되더라도 참는 소통의 인내

일상에서의 대화(Private speech)는 문장이 다 끝나기 전에 충분히 상대방의 의도와 핵심에 대한 유추가 가능하다. 외국에서 오래 살다 와서 국어에 대한 이해가 부족한 경우를 제외하면 우리는 쉽게 대화 초입부에서 어느 정도 짐작을 하게 마련이다. 하지만 예상된다고 티내는 건 금물이다. 그 의미를 예상했다고 해서 쉽게 말허리를 끊지 말자.

"유리야, 그 사람 말이야……"
"왜? 잘 안 됐어?"
"사실 네가……"
"아니 그게 왜 내 탓이야? 난 네가 해달라는 사람 해준 것뿐이잖아."
"아니, 그게 아니고 네가 소개해준 사람은 좋은 사람인 것 같다고!"

상대말의 의도를 파악했다고 해서 재빨리 "그래서 뭐?"를 외친다면 상대방은 쉽게 불쾌한 감정을 가질 수 있고, 혹 예상과는 다른 답변 때문에 난처한 상황이 연출될 수 있다.

블랙 스피치는 감정의 불통, 상대방의 부적절한 대응에 기인하는 경우가 많다. 같은 말을 해도 다시 얘기하고 싶지 않은 얄미운 사람이 있다. 혹은 같은 말을 해도 또 만나고 싶고 얘기 나누고 싶은 예쁜 사람이 있을 것이다. 그 사람이 특별한 말을 해서라기보다는 상대의 말에 진심으로 공감하고, 충분히 예상되는 상황에서도 그 사람의 말을 종결어미까지 끝까지 듣는 인내심 때문인 경우가 많다.

직접 대면하는 스피치의 경우 목소리 외에도 그 사람의 표정, 그리고 진심을 느낄 수 있는 각종 제스처와 시그널(예컨대 미안함을 드러낼 경우 두 손을 모으며 아래를 보는 행위)을 통해 비교적 오해가 생길 여지가 적다. 하지만 단순히 목소리만으로 서로에 대한 감정을 공유해야 하는 전화 통화의 경우, 특히 서로에 대한 정보가 부족할 때 상대방에 대한 잘못된 판단을 내리게 되는 경우가 많다.

대부분의 사람들은 직접 만나서 대화할 때는 상대방에 집중하는 노력을 하지만, 전화 통화 시에는 그렇지 못 하다. 처음 만나는 사람과 전화 통화를 할 때는 지인과의 통화와는 달리 훨씬 더 신중해야 한다. 자칫하면 그 이미지가 전부가 될 수 있기 때문이다.

◇ 경청은 끝까지 들어주는 '끈기'다

왜 그토록 많은 사람들이 '전문 상담'에 관심을 갖고 기꺼이 고비용의 돈을 지불할까? 혹자는 상담자가 특별히 하는 것도 없으면서 돈을 받는 것에 대해 불만을 제기하기도 한다. 왜 단지 말을 듣는 것만으로 그렇게 많은 돈을 받느냐고 말이다. 하지만 반대로 생각해보면 그만큼 상대방의 말을 진심으로 들어주고 인내를 갖고 끝까지 경청해주는 사람이 적기 때문이 아닐까. 고비용을 지출할 만큼의 가치 있는 스피치 기술, 상대의 말을 끝까지 듣는 자세가 바로 '경청'이다. 사소한 이야기라도 귀기울여 들어주고 진심으로 공감하려는 사람에게 합당한 대가를 지불하는 것이다.

우리 사회는 그런 사람을 원한다. 최고의 상사, 최고의 멘토, 혹은 존경받는 사람이 되려고 한다면 먼저 '솜씨 있는 말하기'보다 '끈질긴 듣기'에 집중해야 한다.

경청은 그 사람의 의중을 헤아리고 공감하는 것이며, 그 사람의 말 대부분이 파악될지라도 끝까지 듣는 일종의 '끈기'다. 높은 철학적 사유를 담는 고차원의 것이 절대 아니다. 마음먹으면 누구든지 충분히 가능한 기술이다. 그런 노력이 내면화 되어 있는 사람은 모든 대화에서 그 숨겨진 노력이 빛을 발한다. 상대방에게 호감과 존중을 얻고자 한다면 명확한 조언이나 인생의 좌표를 제시해주는 것도 중요하지만 우선 말하기에서 끈기를 발휘해야 한다.

◇ 대한민국에 진짜 필요한 건 '듣기 학원'

필자가 스피치 학원에 강사로 재직할 당시, 문득 이런 생각을 한 적이 있다. 세상에 '스피치 학원'은 많은데 왜 '듣기 학원'은 없을까? 사람들에게 진짜 필요한 것은 듣기인데…….

사람들은 시대를 이끄는 리더는 뛰어난 화술을 가져야 한다고 생각한다. 그래서 모든 미디어와 교육기관들이 좀 더 설득력 있는 말하기, 힘 있는 '파워 스피치'만을 조명한다. 그래서 너나 할 것 없이 '말하기'에 혈안이 돼있다. 말하기에 재능이 없거나 말수가 적은 내성적인 사람은 21세기 커뮤니케이션 시대에 성공하기 힘들다고 생각하는 경우가 많다.

그러나 절대 그렇지 않다. 주위를 둘러보면 정말 영향력 있는 사람들, 시대를 이끄는 리더들이 뛰어난 화술에만 의존하는 경우는 드물다. 오히려 '파워 리스닝'을 하는 사람이 훨씬 더 많다. '파워 스피치'는 강조하면서 '파워 리스닝'은 신경 쓰지 않는다. 정말 상대를 끌어당기는 것은 '파워 스피치'가 아니고 아무도 쳐다보지 않는 '파워 리스닝'이다.

◇ 할 말은 다 했는데 소통은 안 돼?

우리는 더 이상 소통의 창구가 없다고 주장할 수 없는 시대에 살고 있다. 직접 말하지 않아도 인터넷 미디어와 스마트폰, 각종 SNS를 통해서

손쉽게 내 의견을 말할 수 있고 정보를 제공 받을 수 있다. 자판만 몇 번 두드리면 세계 각지에 있는 사람과 의견을 공유할 수 있다. 하지만 이렇게나 소통의 창구가 잘 발달되어 있어도 역시나 '소통'은 잘 되지 않는다. 오히려 더 '불통'하며 관계가 삐그덕거린다. 이것이 단순히 표현 부족의 문제, 소통 능력의 문제일까? 아니다. 오히려 공급 과잉의 문제이고, 공급에 비해 수용성이 부족한 개인들의 이기심 문제이다. 창구의 문제가 아닌 마음의 문제라는 것이다.

미국의 심리치료사 플로렌스 포크의 저서 『왜 미술관엔 혼자인 여자가 많을까』에서는 현대인들을 다음과 같이 묘사하고 있다.

'세상은 정신없이 바쁘게 돌아간다. 우리는 외로움을 느낄 때면 하루 열 시간씩 일하고, 휴대폰에 달라붙어 통화하고, 나가떨어질 때까지 파티에 열중하거나 쇼핑을 한다. 텔레비전 속 갇힌 공간으로 숨거나, 술을 마시거나 마약을 하고, 인터넷을 하고, 얼굴과 몸매를 바꾸고, 집을 새로 단장하기도 한다. 무선 인터넷 시대에 '늘 접속해 있기' 위한 열정적인 노력은 사실은 깊은 고통의 징후다. 스마트폰, MP3 플레이어, PDA 같은 물건이 쏟아져 나오고 있지만 우리는 여전히 외롭다.'

각종 커뮤니티와 메신저, SNS가 인간과 인간 사이의 소통을 발전시키긴 했지만, 결국 성공하진 못했다. 과거에 비할 수 없이 소통의 창구가 많아졌지만 우리는 여전히 외롭고, 여전히 소통을 꿈꾸며 이곳저곳을 떠돌아다니고 있다. 모두들 자신의 감정과 의견을 쏟아내는 데만 급급하다. 외로움의 문제가 단순히 듣기의 문제라고 단정짓고 싶진 않다. 하지만 소통하고자 하는 인간 본연의 심리적 불안은 경청과 공감 능력의 부족에서 기인한다고 생각한다. 누구든지 말하려 하지만 누구든지 인내를 갖고 들으려 하지는 않기 때문이다.

우리에겐 적극적 말하기인 '스피치'도 필요하지만 사실 '리스닝'이 더 필요하다. 내가 타인에게 얼마나 의사 전달을 잘할 것인지 고민하는 만큼, 그것에 노력을 기울이는 만큼의 반이라도 듣기에 가치를 둔다면 오히려 소통은 조금 더 원활해질 것이다.

◇ 스몰 스피치 & 파워 리스닝

창과 방패의 비유를 해보려고 한다. 말하기는 창과 같이 뾰족하다. 다분히 주체 지향적이고 공격적이다. 대화의 주도권을 갖는 사람은 분위기를 압도하고 사람을 설득하기도 하지만 반대로 상대방에게 크나큰 상처를 주기도 한다. 사람들은 말솜씨만 뛰어난 사람을 잠깐은 부러워하겠지만 오래 곁에 두고 존중하려 하지 않는다. 나보다 재능이 뛰어난 사람을 불편하게 생각하는 것이 인간의 심리다. 또 그런 사람을 은연중에 질투하기 때문에 아무리 말을 잘하는 사람이라도 자칫 실수로 타인에게 상처 주는 순간 그것은 공격의 대상이 되기 쉽다.

하지만 듣기는 방패다. 창처럼 상대에게 적극적인 영향을 주진 않지만 상대방의 실수와 모진 말들을 다 받아주는 넉넉한 관용을 베푼다. 내가 어떤 말을 해도 방패처럼 다 받아주는 사람, 그 사람에게 우리는 마음을 여는 것이다.

호감과 존중을 불러일으키는 것은 나를 위협하는 '창'이 아니라 오히려 넉넉히 받아주고 수용하는 '방패'다.

당신은 창과 방패 중 어떤 것을 가지고 있는가. 모두들 창을 선택할 때 당신이 외롭게 선택한 방패는 당신을 가치 있는 사람으로 기억되게 할 것이다.

가까운 사람에겐
아무렇게나 말한다

❖ **처음 보는 사람에게 잘하는 게 어려울까?**

예전에 마케터로서 일할 때 나의 주된 업무는 사람을 만나고 계약을 성사시키는 일이었다. 그래서 사람들과의 미팅이 많았고, 새로운 업체의 관계자를 만나 테이블에 앉아 이런저런 얘기를 나누는 것이 일상이었다. 그 가운데 느낀 것은 대부분의 사람들이 새로운 사람을 대면하여 상대에게 좋은 이미지를 주는 것은 비교적 잘한다는 것이었다. 그리고 상투적인 날씨와 안부 인사를 나누고 비지니스와 관련하여 상대의 숨은 니즈(NEEDS)를 파악하기 위해 갖은 노력을 다하고 있음을 알 수 있었다. 무언가 집단학습을 통해 훈련받은 듯한 비슷비슷한 매뉴얼을 따르고 있었고, 그래서 누군가가 조금이라도 벗어난 주제를 얘기하면 교양이 없는 사람처럼 생각하는 듯 했다.

그러던 어느 날 약속한 미팅시간에 30분 정도 일찍 도착하게 되었다. 시간도 때울 겸 자판기로 가던 중, 복도 한쪽에서 누군가가 가족과 통화하는 것을 듣게 되었다.

"에이씨, 내가 전화 좀 그만하라고 했잖아! 지금 업무 중이라고! 이따가 통화해!"

얼굴을 보니, 만나기로 한 담당자였다. 아마도 아내가 자주 전화하는 것을 짜증스럽게 여겨 먼저 화를 내고 전화를 끊은 듯 했다. 혹시 내가 대화 내용을 들은 것을 알면 부끄럽게 느낄 것 같아 재빨리 뒤로 돌아가려는 순간, 그가 먼저 나를 보며 반갑게 인사를 했다.

"어이구, 천 지배인님! 왜 이렇게 일찍 오셨어요? 이쪽에 와서 커피라도 드세요. 하하"

아까와는 전혀 다른 말투와 표정으로 날 반갑게 맞이하는 그가 무척 낯설게 느껴졌다. 물론 나에게 친절함으로 인사를 먼저 해준 것은 너무 고마운 일이었지만, 아까 모습을 보아서일까 왠지 그 것이 진심이 아닐 수도 있다는 생각이 드는 건 사실이었다.

우리가 처음 보는 사람, 혹은 멀리 있는 사람에게 좋은 인상을 주는 것은 어려운 일일까?

　물론 쉬운 일은 아닐지 모르나, 분명한 건 그리 어려운 일도 아니라는 것이다. 비지니스 상으로 한두 번 만나는 사람, 혹은 계약 건이나 업무협조 관계로 만나는 사람에게 최선의 이미지를 메이킹(Making)하여 보여주는 것은 그렇게 어려운 일이 아니다. 그것은 숙달된 모습이지, 본래 나의 모습과는 상당 부분 일치하지 않음을 우리는 너무도 잘 알고 있다.

　우리는 상대방의 진의를 파악하기 위해 모든 촉각을 세우며, 혹 그 사람의 기분을 언짢게 하는 행동을 하지 않도록 커피를 마시는 손짓 하나에도 조심스럽기 그지없다. 상대에게 잘 보인 이미지가 우리 회사를 대변하기 때문이기도 하지만 그렇게 만들어진 적당히 선한 이미지, 멋진 이미지는 나의 커리어와 내가 수행할 일과 연결되기 때문이다. 하지만 누구나 그 정도는 다 한다. 그런 모습은 순간순간 포장이 가능하며 마음만 먹으면 누구든지 가면을 쓸 수 있다.

✧ 무대 언어 따로, 일상 언어 따로?

내가 잘 아는 한 지인은 수많은 강연장에서 강연을 펼치고 방송매체에 출연하고 있다. 항상 매너가 젠틀하고 통찰력 있는 말씀으로 청중을 감동시킬 줄 아는 사람이며, 뛰어난 화술과 유머감각으로 무대 위에서 최고의 재능을 발휘하는 분이다. 대한민국 최고의 강사로 꼽히기도 하는 그를 내가 존경하는 까닭은 그의 무대 위 언어와 삶의 언어가 일치하기 때문이다.

한 번은 식사를 할 기회가 있어 대화를 나누던 중 그의 스피치가 절대 포장된 것이 아님을 느끼게 되었다. 그와 나눈 4시간이라는 짧지 않은 시간 동안 그의 무대 위 언어와 실제 삶의 언어가 전혀 다름없음을 느끼고 다시 한 번 그의 팬이 되기로 마음을 먹었다. 그는 나에게 엄청난 영향을 준 대한민국 소통 전문가 1호 김창옥 소장님이다.

하지만 일상 속에서 이런 사람을 만나기란 쉽지 않다. 대부분의 사람들은 대중 앞에서 최선의 이미지를 만들어 연출하고 다시 삶으로 돌아가면 그 포장된 가면을 거칠게 벗어던지곤 한다. 아무래도 스피치 전문가로 활동을 하다 보니 수업에 참여하시는 분들이 조직의 리더인 경우가 많은 편이고, 많은 사람들에게 엄청난 영향력을 끼치는 CEO나 방송인들도 더러 있다. 하지만 그 사람들과 만나 이야기를 나누다 보면, 무대 위 언어와 삶의 언어가 너무도 다름을 느낄 수 있다.

방송과 무대 위에선 너무나도 따뜻하고 젠틀한 사람이 실제의 삶에선 독선적이고 괴팍한 경우를 드물지 않게 보면서 나 자신에 대해 다시 한 번 돌아보게 되었다.

"나는 과연 무대 위 언어와 삶의 언어가 동일한 사람일까?"

나 역시 하루에도 수없이 많은 사람들을 만나며 강연하면서 '대중이 보는 나'와 '가족이 생각하는 나'가 다를 수도 있음을 느꼈다. 한없이 고상하게 이야기하고 웃으면서 상대를 바라보는 나의 모습이 퇴근 후 집으로 돌아가서도 일치하는지 확인하고 싶어졌다. 그래서 언젠가부터 내 아내를 강연장에 초대하기 시작했다. 일하는 모습을 보여주면서 나의 실제의 삶과 많이 다른지 평가받기 위해서였다.

"여보, 오늘 나 어땠어?"
"자기야, 멋지긴 한데. 집에서 말할 때는 왜 안 그래?"

그 말을 듣고 충격을 받았다. 평소 삶의 언어와 무대 위 언어를 일치시켜야 한다고 주장하는 강사가 정작 그렇게 살고 있지는 않다는 아내의 말을 듣곤, 정말 이래서는 안 되겠다는 생각이 들었다. 평소 무대 위에서 노력하는 것처럼 집에서도 아내의 말에 최선에 다해 반응하고 항상 배려하는 말을 쓰려 노력하기 시작했다. 처음에는 그런 모습에 어색함을 느꼈던 아내도 남편의 개선하고자 하는 노력이 가상해서인지 점점 별로 다르지 않다고 말해주었다. 절반은 성공했지만 이제부터 시작이다. 앞으로의 나의 숙제는 평생 무대 위 언어와 삶의 언어를 일치시키는 것이다.

✧ 이미지가 '가면'이 되어선 안 된다

사람들은 흔히 상대방에게 보이는 이미지란 가공과 훈련을 통해 만들어질 수 있고, 또 그런 이미지가 상대방에게 신뢰를 줄 수 있다고 생각하는 것 같다. 그래서 보이는 부분에 많은 돈을 투자하고, 자신에게 어울리는 색깔과 의상을 선택한다. 심지어 호감을 주는 표정까지 훈련하며 자신의 이미지를 최상으로 보이기 위해 가꾼다. 필자 역시 그런 부분에 많은 관심이 있으며 현대인들이 세련된 자신을 관리하기 위해 충분히 배울 필요가 있다고 생각한다.

문제는 그런 세련된 이미지가 절대 가공된 '가면'이 되어선 안 된다는 것이다. 자신을 계발하고 좀 더 나은 사람이 되어야지, 그것이 겉과 속이 다르다는 것을 타인에게 더 완벽하게 숨기기 위한 '최상의 꼼수'가 되어선 곤란하다. 그런 '가면'은 한두 번의 만남에선 드러나지 않을 수 있으나 만남의 횟수가 증가하고 그 사람과 보내는 시간이 많아질수록 결국 스피치와 행동에서 탄로나기 마련이다.

방송에서 멋진 이미지와 화술을 뽐내는 사람이 일상에서는 전혀 다른 모습으로 말하고 행동한다면 우리는 그 사람을 진심으로 신뢰할 수 있을까?

이것은 방송에 나오는 일부의 사람들에게 국한된 문제는 아니다. 우리는 직장을 다니며, 학교생활을 하며, 일을 하며, 그리고 수많은 곳에서 사람들을 만나며 '나만의 무대'를 구축하고 살아간다. 그 '무대 위 언어'는 당신이 가지고 있는 최선의 것일 것이다. 그렇다면 그런 최선의 노력을 우리는 가장 가까운, 가장 소중한 사람에게 얼마나 하고 있을까?

✧ 가족만족 100점이 될 때까지!

몇 달 전 핸드폰 분실신고를 하고 보상받기 위해 한 이동통신사를 방문했다. 그곳 직원들이 최선을 다해 고객을 맞이하는 것이 인상 깊었다. 고객들이 문을 들어서자 전 직원이 소리 내어 인사하고, 앉아 대기하는 고객 하나하나에게 친절히 웃으며 음료를 건넸다. 보기만 해도 정말 눈물겨운 노력이었다. 그리고 직원들 머리 위 현수막이 눈에 띄었는데 거기엔 빨간색 글씨로 이렇게 쓰여 있었다.

'기필코 고객만족 100점이 될 때까지!'

하지만 내가 정말 궁금한 것은 따로 있었다.
'저분들은 기필코 가족만족 100점이 될 때까지 노력할까?'
우리는 고객에게 최선을 다하는 것은 너무도 당연하게 생각한다. 처음 보는 사람이어도, 나에게 어떤 심한 말을 내뱉는 블랙컨슈머(Black-consumer)일지라도 우리는 인내하며 그 사람의 숨은 니즈(Needs)를 찾으려 갖은 노력을 다한다.

하지만 반대로 정작 중요한 가까운 관계에서의 사람들에겐 그렇지 않다. 익숙하다는 이유로, 그리고 꾸미지 않아도 된다는 이유로 우리는 너무도 쉽게 가까운 사람에게 함부로 대하고 상처 주는 블랙 스피치를 많이 한다. 그러나 잘 생각해보면 우리를 지탱하고 우리를 끝까지 견디게 하는 힘, 행복의 원천은 원거리의 고객이 아니라, 우리 근거리에 있는 일상의 사람들이다.

우리는 가까운 사람들, 나에게 소중한 가족들에게 최선의 만족을 주기 위해 노력해야 한다. 이것이 바로 고객만족보다 더 중요한 가치다. 정작 가까운 사람에게 상처를 주면서 멀리 있는 고객에게 고운 말을 쓰며 미소 짓는 것은 가치가 뒤바뀐 것이고 빛 좋은 개살구일 뿐이다. 가까이에 있는 소중한 사람들에게 블랙 스피치 하지 않고, 그들의 마음을 다치지 않게 해야만 고객에게도 진심에서 우러나온 스피치, 감동의 스피치를 할 수 있다.

사람은 관계가 익숙해지면 나를 대하듯 타인을 대한다고 한다. 내 주변의 가까운 사람들에게 나는 나를 어떻게 대하는지, 어떤 블랙 스피치를 하는지 돌아보자. 그 블랙 스피치가 제거되지 않는다면 당신이 고객에게 하는 멋진 스피치는 뿌리가 메마른 나무처럼 곧 생명력을 잃어버릴 것이다.

사람을 쉽게 판단하고 말한다

◇ **상대방을 몇 번 보면 알 수 있나요?**

한 방송국에서 20~30대 미혼 여성을 대상으로 설문조사를 실시했다. 주말 오후에 한가로운 카페에서 이성을 소개 받는 상황을 가정한 뒤, 이런 질문을 했다.

"여러분은 처음 보는 사람을 10번 만난다면 몇 번째에 그를 알 수 있나요?"

3번이라는 대답이 가장 많았고, 한두 번이면 충분하다는 응답도 꽤 있었다. 그런데 5번 이상 봐야 한다는 응답은 극소수에 불과했다. 조사자는 응답자들에게 두 번째 질문을 했다.

"그럼 반대로, 상대방은 여러분을 몇 번 봐야 알 수 있을까요?"

그 질문을 던지자 대부분의 응답자들은 아까와는 조금 다른 심각한 표정을 지었다. 아까 한두 번 혹은 3번 정도면 충분하다고 응답한 사람들이 반대의 질문엔 대부분 5번 이상은 봐야 알지 않을까 하는 대답을 했다. 특히 응답자 중 한 사람의 대답이 인상적이었다.

"음……, 그거 매우 어려운 질문인데요. 저는 매우 복잡한 여자이기 때문에 10번 이상 봐도 잘 모르지 않을까요?"

왜 이렇게 상반된, 공정하지 못한 대답이 나왔을까? 우리는 상대방을 볼 때 굉장히 주관적인 잣대로 평가하기 마련이다. 지하철역이나 거리의 수많은 사람들, 처음 보는 사람들을 외양으로 판단해 버리기 일쑤다.

"야, 저 여자 하고 다니는 거 봐라. 딱 봐도 된장녀 같은데?"
"저 가방 가짜네. 왜 저렇게 살지? 난 저렇게 안 살아."
"저렇게 머리를 길게 기른 남자는 왠지 성격이 이상할 것 같아."

하지만 그 기준은 지극히 단편적이고 주관적이며, 무엇보다 부정확할

가능성이 크다. 구멍 숭숭 뚫린 그물망으로 그 사람을 온전히 포착한다는 것은 거의 불가능에 가깝다. 하지만 우리는 가차없이 사람을 평가한다.

그런데 반대로 똑같은 잣대를 나에게 들이밀었을 때, 우리는 불쾌해하고 화를 낸다.

"저 그런 사람 아니거든요!"
"저를 잘 몰라서 하시는 말 같은데……."

우리는 자신이 상대방을 쉽게 판단하는 것처럼 상대도 나를 그렇게 대하는 것을 원하지 않는다. 어떠한 선입견으로 판단하지 않기를 바란다. 내가 비록 머리에 꽃을 꽂고 있을지라도 외면이 아닌 내면으로 평가해 주기를 바라는 것이다.

◇ 나쁜 사람은 어떻게 생겼나요?

최근 한 방송국에서 아이들을 상대로 흥미로운 실험을 했다. 나쁜 사람에 대해 어떤 이미지를 가지고 있는지에 대한 실험이었다. 이 실험은 한국과 미국에서 동일한 방식으로 진행되었는데 결과는 무척 달랐다.

먼저 한국의 아이들에게 성범죄를 일으키는 사람들, 혹은 그 외에 나쁜 사람을 스케치북에 그려보라고 했다. 한국 아이들이 그린 그림을 살펴보니 멀쩡한 얼굴이 거의 없었다. 대부분 얼굴이 검고, 눈이 날카로우며, 수염이 지저분하게 나있고, 이곳저곳에 반창고를 붙인 사람이었다. 심지어 아이들을 가르치고 있는 교사들도 크게 다르지 않은 반응이었다.

한편 미국의 아이들에게도 동일하게 나쁜 사람을 그려보라고 했다. 그런데 한국의 아이들과는 대조적으로 이웃집 아저씨, 혹은 일상 속에서 수없이 봤을 법한 그저 평범한 사람을 그리는 것이 아닌가. 그 그림은 누가 봐도 일반적인 사람의 모습, 그 이상도 그 이하도 아니었다. 당황한 조사팀은 아이가 혹시 문제를 잘못 이해한 건 아닌지 재차 질문을 했다.

"나쁜 사람 그린 거 맞니? 다시 한번 그려볼래?"

아이는 한 치의 망설임도 없이 이렇게 대답했다.

"근데요, 나쁜 사람은요, 그냥 아저씨처럼 생겼거든요."

이처럼 한국 아이들은 나쁜 사람의 이미지에 대해 고정관념을 가지고 있는 반면, 미국 아이들은 나쁜 사람을 외양으로 판단할 수 없다고 대답했다. 왜 이렇게 상반된 반응이 나왔을까?

✧ 환상 속에 그대가 있다!

앞선 실험처럼 사람에 대한 고정화된 이미지는 대개는 허상인 경우가 많다. 미국의 아이들이 그린 것처럼 실제 나쁜 사람은 '나쁜 사람'처럼 생기지 않았다. 경찰서 앞 벽보의 수많은 범죄 수배자 중 아이들이 그린 '나쁜 사람'의 이미지를 갖고 있는 사람은 별로 없다. 다들 평범하고, 오히려 몇 명은 '호감형'이기까지 하다. 우리가 상상하는 것은 그저 환상일 뿐이다. 이렇게 추측은 사실과 전혀 다를 수 있다.

우리나라 사람들이 많이 하는 스피치 중 하나는 "인상 좋아 보이세요. 호감형이네요."이다. 듣는 이는 참 기분 좋겠지만 사실 그 말 뒤엔 사람을 외관으로 판단한다는 심리가 함정처럼 숨어있다. 몇 번 보지 않고 사람을 쉽게 판단해 버리는 습관은 오해를 낳기 쉽고, 그렇게 판단하고 평가하는 말은 실제의 모습을 반영하지 못하는 '블랙 스피치'일 가능성이 높다.

✧ 손바닥 스피치 = 블랙 스피치

"아, 그 사람, 못 써!"
"안 돼! 그 애 별로인 것 같아!"

이런 스피치를 하는 사람은 대개 그 사람에 대해 자세히 알아보려는 마음보다는 몇 번의 만남에서 유추된 결론, 외모와 차림새에 대한 선입견을 기준으로 말하는 경우가 많다.

미성숙한 사람은 내 손바닥에 올려놓을 수 있는 사람들만 좋아한다. 내게 맞는 일부의 '손바닥 사람'만을 수용하는 것이다. 그 이외의 사람들은 인정하지 않고 쉽게 질타하고 비난하는 말을 퍼붓는다. 결국 그 '손바닥 스피치'가 나에게 부메랑이 되어 오는 '블랙 스피치'라는 것을 모른 채 말이다.

하지만 사람은 생각보다 매우 복잡한 존재여서, 내가 생각했던 타인에 대한 이미지는 전체보다는 일부를 반영하는 경우가 많고 혹은 아예 그 반대인 경우도 있다. 그래서 성숙한 사람은 타인을 쉽게 보고 이야기하는 '손바닥 스피치'를 하지 않는다.

생각해보자. 나는 나를 제대로 아는가? 때로는 자신조차 이해할 수 없는 행동을 하고, 자신이 생각지도 못한 면에 놀라게 되지 않는가. 이렇게 스스로도 온전한 모습을 잘 못 보면서 상대방을 함부로 판단하는 말을 할 수 있을까?

만약 내가 다니는 직장에 선한 이미지의 후배 사원이 들어왔다고 가정해보자. 그 선하고 인상 좋은 신입사원이 회사에서 얼마나 잘 적응하고 근무할까? 착해 보인다고 해서 일을 잘하고, 말을 잘 따를까?

사람은 겪어봐야 안다. 사람은 마치 날씨와 같아서 햇살처럼 따사롭다가도 천둥번개가 칠 수 있다. 나에게 선한 모습만 보인다 해서 그게 전부가 아니다. 그 반대의 면도 존재하기 마련이다.

어제는 나와 평생 함께할 친구처럼 보였지만 오늘 작은 사건이 생기면서 언제 그랬냐는 듯 돌아서는 것이 사람의 모습이다. 이를 인정해야 건강한 인간관계를 맺을 수 있고, 사람을 함부로 보고 판단하는 '손바닥 스피치'를 하지 않게 되는 것이다.

✧ 내가 원하는 말을 하라

상대를 알고, 이해하고, 공감하기엔 생각보다 긴 시간이 필요하다. 그저 겉모습만 보고, 음악적 취향, 식성, 취미, 혈액형, 외면적 인상 등 일부의 '코드'가 맞거나 안 맞는다고 해서 쉽게 그 사람을 판단하고 말하는 것은 위험하고 어리석은 행동이다.

누구나 타인이 자신을 온전히 봐주길 바란다. 바로 그 마음으로 타인을 보자. 혹시라도 타인이 작은 실수를 저지르더라도 금방 나무라거나 돌아서지 않는, 그 사람 전부를 판단하지 않는 스피치를 해보자.

그런 스피치를 어떻게 하냐고? 방법은 의외로 간단하다. 상대가 듣고자 하는 스피치는 바로 내가 기대하는 스피치다. 내가 듣고 싶은 말을 상대방에게 해주면 된다. 그러면 따뜻한 미소가 돌아올 것이고, 더 튼튼하고 지속적인 관계가 이루어질 것이다.

시선 따윈
신경쓰지 않는다

◇ **사람을 아프게 만드는 시선**

나는 아토피가 심했다. 지금이야 손을 제외한 나머지 부분은 많이 좋아져서 외부활동도 어려움 없이 하고 강연도 하지만 10대 후반부터 심해진 아토피는 20대 청년이 되어서 거의 일상생활을 할 수 없을 정도가 되었다.

　매일 아침 일어나는 것이 고통이었다. 하얀 침대 시트가 진물로 범벅이 되도록 밤새 긁고 긁으며 몇 년간의 투병생활을 했다. 밥을 먹는 순간조차 내 손의 진물이 밥상에 뚝뚝 떨어질 정도였다. 무엇보다 가장 고통스러웠던 건 샤워를 할 때였다. 화장실에 들어가기 전에 불을 모두 껐다. 나조차도 내 모습을 보기가 혐오스러웠기 때문이다. 어쩌다 불을 끄는 일을 깜빡하고 나를 보게 된 날이면 그 정신적 충격으로 하루종일 어둠과 싸움을 해야 했다.

비누칠은 엄두도 내지 못하고, 심하게 벗겨진 피부를 흐르는 물로 씻는 것이 목욕의 전부였지만, 그것은 대부분의 사람은 절대 겪을 일 없는 극한의 고통이었다. 그럴 때는 내 입을 틀어막고 비명을 삼켰다. 어머니는 화장실 문밖으로 새어 나오는 나의 비명소리에 소리 없이 흐느끼셨을 것이다.

어느 햇살 좋은 날, 날씨도 선선하고 좋으니 나도 바깥세상을 구경하고 싶었다. 항상 어두운 반지하방에 웅크리고 매일매일을 보냈던 터라 바람 소리, 차 소리, 사람들 이야기 소리가 그리웠던 것이다. 외출을 하면 내가 살아있다는 것을 확인할 수 있을 것 같았다.

평소 진물 때문에 입지 않던 하얀색 티셔츠를 입었다. 얼굴엔 선크림을 바르고 하늘색 모자를 눌러쓰고 밖으로 나갔다. 전에는 한번도 보지 못했던 햇살 가득한 가을 오후, 나는 용기를 내어 거리를 걸었다.

날씨는 청명했으며, 햇살은 따사롭고 바람은 시원했다. 내가 이렇게라도 걷고 숨을 쉴 수 있다는 것에 감사를 느꼈다. 얼마나 지났을까. 한 명 한 명 마주치는 사람들 속에서 불편한 시선이 느껴졌다. 마치 신기한 것을 보는 듯한 그들의 시선이 부담스러웠다. 노골적이지 않아서 오히려 더 노골적인 그들의 곁눈질과 수군거림은 나를 점점 구석으로 몰아갔다. 힘들게 거리를 빠져나와 집으로 돌아가려는 나에게 한 사람의 말이 비수처럼 꽂혔다.

"아휴~, 징그러워. 저 사람 괴물같아."

◇ 성숙한 사람은 시선도 관리한다

보건복지부에 따르면 2013년 장애인 등록 인구는 250만 명을 훨씬 초과할 것으로 예상된다고 한다. 남한의 총 인구를 5,000만 명 정도로 보았을 때 100명 중 약 5명이 장애인이다. 초등학교 한 학급당 장애인이 한 명씩은 있다는 얘기다.

이토록 많은 장애인들이 우리 사회에 있다는 것을 통계가 말해주는데, 실제로 거리에서 장애인들을 보기는 쉽지 않다.

당신은 오늘 거리에서 장애인을 몇 명이나 보았는가?
거리에서 이들을 쉽게 만나지 못하는 이유는 무엇일까?
무엇이 그들을 집밖으로 나오지 못하게 하는 걸까?

필자의 경험에 따르면 타인의 시선은 육체적 고통보다 훨씬 더 크게 다가온다. 그런데 대부분의 사람들은 타인을 보는 시선을 관리하는 데 별로 신경을 쓰지 않는 듯하다. 감정이나 생각이 시선으로 표현될 때 타인에게 모멸감과 수치심을 준다는 것을 인식하지 못하는 것이다.

커뮤니케이션은 크게 언어적 커뮤니케이션과 비언어적 커뮤니케이션으로 나뉜다.

　미국의 심리학자 앨버트 메러비안에 따르면 언어적 커뮤니케이션은 단지 7%에 불과하고 외관과 차림새, 몸짓과 표정 등 외향적 요소는 55%, 목소리의 높고 낮음, 음성이나 속도 등이 나머지 38%에 해당한다고 말한다. 쉽게 말해 말의 논리, 그 외의 요소들로 그 사람을 거의 파악할 수 있다는 말이다.

　하지만 이것은 40년 전의 시대 상황에나 해당되는 말이다. 논리적으로 말도 안 되는 소리를 해대면서 외면상의 이미지로 상대를 설득하고자 하는 것은 지식이 소수에게만 집중되던 과거에는 충분히 가능한 이야기일 수 있다. 그러나 현대의 지식사회를 살아가는 우리 입장에서 외면으로 사람을 판단하는 것은 굉장히 어리석은 일이고, 무엇보다 정확하지 않다. 사람은 겉모습이 전부가 아니기 때문이다.

　그렇다고 해서 비언어적(Non-verval) 커뮤니케이션의 영향력을 무시할 수는 없다. 어쨌든 상대를 보는데 외면적 부분이 어느 정도 힘을 발휘하는 것은 사실이기 때문이다. 비언어적 커뮤니케이션은 외모, 동작, 표정, 시선 등으로 구성되며 이 요소들이 서로 어우러져 상대에게 어떤 느낌을 주게 된다.

　이 중 가장 강력한 요소는 바로 '시선'이다. 시선은 구체적인 언어 전달보다 치명적인 영향을 줄 수 있다. 언어적 커뮤니케이션은 문장 속에서 상대의 진의를 어느 정도 유추할 수 있지만 비언어적 커뮤니케이션, 그 중에서도 시선은 너무나 모호해서 순수하게 수용자의 해석에 따른다. 내가 거리에 나오지 못한 것도 직접적인 언어의 폭력이라고 하기보다는 수많은 시선 때문이었고, 그것이 내 속에 있는 자괴감과 만나 부정적으로 해석되었기 때문이다.

이목구비 중 내 것이라고 할 수 없는 두 기관이 있다. 바로 입과 눈이다. 입과 눈은 내가 말을 하기 위해, 사물을 보기 위해서도 존재하지만 타인에게 지대한 영향을 미치는 감각기관이기도 하다. 내 입에서 나오는 말에 상처 입는 사람은 내가 아니라 타인이다. 내 시선을 받는 사람 역시 내가 아니라 타인이다. 시선과 말을 함부로 해서는 안 될 이유가 그것이다.

소통이 비언어적 커뮤니케이션에 큰 영향을 받는다는 것을 이해했다면 평소 나의 시선은 불통하고 있지 않은지, 타인의 기분을 상하게 하는 '블랙 어텐션'(Black Attention)은 없는지 돌아봐야 할 것이다.

성숙한 사람은 말뿐만 아니라 시선도 관리한다. 소통은 단순히 언어로만 이루어져 있지 않다. 나의 언어적 커뮤니케이션을 점검했다면 이제는 타인에게 더욱 강력한 영향을 미치는 비언어적 커뮤니케이션도 점검해보자. 그렇게 하나씩 좋은 소통의 도구만을 남긴다면 언젠가 당신의 불통지수는 내려가고 소통지수는 올라가 있을 것이다.

"좋은 질문을 던져라,
당신 곁에 사람이
모일 것이다!"

Chapter 2
상대의 마음을 얻는 5가지 대화 기술

공감 능력을 높여라!

◇ **논쟁보다 상대방의 감정을 읽어내라**

최근 '공감', '소통'이란 키워드가 화두로 떠오르고 있다. 기업과 대학뿐만 아니라 이제는 지자체에서도 '공감행정', '소통행정'을 추구한다. 이제는 직장 선후배나 부모자식 간이라도 일방적으로 지시하거나 힘이나 권력으로 강요하는 수직적 커뮤니케이션이 아닌, 서로 소통하는 수평적 커뮤니케이션 방식으로 변화했다. 이런 시대적 흐름에 역행하여 나이가 많거나 지위가 높다는 이유로 군림하는 조직과 개인이 있다면 경쟁 사회에서 서서히 도태될 것이다. 어떤 조직이나 사회는 공감을 바탕으로 하는데, 그것이 없다면 관계를 유지하기 어렵기 때문이다.

그렇다면 소통의 가장 기본이 되는 공감(共感)이란 무엇일가? 사전적

정의에 따르면 남의 감정, 의견, 주장 따위에 대하여 자기도 그렇다고 느끼는 것이다. 다시 말해 상대의 말에 반박하거나 다른 의견을 내세우지 않고 동조하며 적극적으로 지지하는 것을 의미한다. 그렇다면 상대와 의견이 대립될 경우에는 어떻게 해야 할까? 그의 말에 공감할 수 없는 걸까?

결론부터 말하자면 그렇지 않다. 상대와 의견이 같지 않더라도 충분히 공감할 수 있다. 상대와 의견이 다를 때, 우리는 흔히 비판하고 싶은 욕구를 느끼며 심지어 상대방의 의견이 아닌 사람까지 싸잡아 비난하고자 한다. 타인과 내가 다른 생각을 갖고 있다는 결론을 내는 순간 우리는 전혀 소통할 수 없는 남남처럼 상대를 대하는 것이다. 공감은커녕, 반감을 일으켜 상대와 나는 전혀 다른 길을 걷게 되는 것이다.

그러나 견해가 다르더라도 그 말을 하는 사람을 이해하는 것은 충분히 가능하다. 그의 생각은 지지하기 어려워도 그의 의도와 심정은 충분히 이해할 수 있지 않은가?

우리는 각자 생각이 다르다. 그것을 인정해야 한다. 어느 누구도 나와 100% 동일한 견해와 가치관을 가질 수 없다. 내 가족, 내 친구라 할지라도 그렇다. 만약 다른 생각을 갖고 있는 사람과 공감할 수 없다면 우리는 고독한 섬처럼 홀로 살아야 할 것이다. 내 의견과 같지 않아도, 아니 180도 다르다 할지라도 우리는 공감할 수 있다.

그렇다면 이 말도 안 되는 상황에도 그 사람의 감정을 읽을 방법은 무엇일까? 그것은 바로 화자의 배경을 이해하는 것이다.

몇 년 전, 지방에서 강의가 있던 날이다. 생각보다 일찍 도착하여 강의 시간 전까지 무엇을 할까 고민하다가 강의장 근처를 한번 돌아보기로 했다. 거리를 걷던 중 어느 한적한 곳에 옷가지를 파는 상점이 보여 들어갔다. 그런데 옷들을 살펴보니 새 옷이라고 하기에는 가격표도 붙어있지 않았고, 심지어 어떤 것은 누군가가 아무렇게나 입고 던져놓은 듯 많이 낡아 보였다.

그래서 정중하게 주인아주머니에게 이게 새 옷이냐고 물어보았다. 그런데 내 말이 끝나기가 무섭게 그 분은 굉장히 신경질적인 반응을 보였다.

"아니, 내가 이거 팔아서 얼마나 남는다고! 물건 이렇게 싸게 못 가지고 오는데 내 딸이 아는 사람이 있어서 이렇게 파는 거여. 장사해서 먹고 살기가 이렇게 힘드네. 이번 달은 언제 대출금을 갚나. 어휴~, 힘들다 힘들어."

건드리면 곧 터질 것 같은 풍선처럼 보였다. 당황스러웠다. 본인의 어려운 상황을 옷을 사러 온 손님에게 분풀이하듯 저렇게 이야기할 수 있을까? 사실 어처구니가 없었지만 나는 화를 참고 이렇게 말했다.

"아, 그러세요? 많이 힘드시겠어요. 요즘 자영업 하시는 분들이 많이 힘들다던데, 정말 그런가 보군요. 좀 더 얘기해주시겠어요?"

아주머니는 내 말에 적잖이 놀란 듯했다. 화를 내며 박차고 나가도 이상할 것 없는 상황인데, 오히려 정중히 사정을 묻는 모습에 아주머니는 당황한 기색이 역력했다. 그리고 이내 화가 조금씩 누그러드는 것 같았다. 나는 인내심을 갖고 딱 10분 동안만 그녀의 이야기를 들어주기로 했다. 아마도 그녀의 내면 깊숙한 곳엔 누군가에게 말하고 싶은 욕구가 가득할 것이라 생각하면서…….

주인아주머니는 딸이 교통사고를 당하는 바람에 자신이 장사를 하고 있노라고 했다. 딸은 원래 밝고 활기 넘치는 아이였는데 사고를 당한 뒤로 얼굴에 상처를 입어 집안에서만 생활하다가 우울증까지 생겼다고 했다. 아주머니는 딸 대신 자신이 생계를 이어가기 위해 가게에 나왔는데 딸 걱정 때문에 손님을 웃으며 대하지 못한다고 했다. 자신의 사정을 얘기하는 아주머니의 눈가엔 어느새 눈물이 고였다.

그녀의 말을 듣고, 그녀가 처한 상황을 생각해보았다. 물론 손님에게 화를 내며 자신의 감정을 고스란히 표출하는 것은 백 번 잘못이지만 입장을 바꿔 생각하면 그럴 수도 있겠다는 생각이 들었다. 아주 짧은 시간이었지만 그녀의 말을 경청하며 그녀의 삶을 조금이나마 이해하고 공감한 것이다. 나는 그녀의 손을 따뜻하게 잡아드렸다. 그러자 주인아주머니는 이렇게 말씀하셨다.

"처음 보는 사람한테 이래서 미안해요. 괜한 이야기 들어주느라 고생했어. 이번에 새로 나온 넥타이가 있는데 그냥 줄게요. 다음에 여기 오면 꼭 들러요. 내가 젊은 사람한테 한 수 배우네."

그저 그녀의 감정 여행에 동승했을 뿐인데 사과와 함께 선물도 얻었고, 백 마디 조언보다 강력한 행동 변화를 일으켰다. 그리고 무엇보다도 타인의 상처를 조금이나마 치유해주었다는 느낌이 강하게 들었다.

내가 만약 그녀의 말에 바로 반기를 들고 그녀와 치열한 논쟁을 벌였다면, 결국에는 두 번 다시 안 볼 사이니 상처 주는 말을 쏟아 붓고서 그 자리를 박차고 나왔을 것이다. 이렇듯 처음에는 상대방의 말에 동의하지 않았지만, 상대방의 배경을 듣기 위해 경청한 결과 상황을 공감하게 된 것이다.

혹시 우리도 상대를 쉽게 대하진 않는가? 자신의 의견과 다르거나 혹은 상대가 잘못된 행동을 한다는 이유로 감정의 골이 깊어지면 공유할 수 없는 적대감이 생긴다. 그리고 헤어지기 십상이다. 상대와 의견이 다를지라도 공감하며 서로를 위로한다면 우리는 한 배를 탈 수 있다. 상대의 말과 행동, 배경 등을 이해한 후에는 상대와 관련된 모든 것에 마음의 문을 활짝 열 수 있게 된다.

공감은 이렇듯 상대에게서 가장 진솔한 사과를 이끌어내기도 하고 상처를 치유해주기도 하는 강력한 기술이다. 사람과 사람을 이어주는 따뜻한 힘, 바로 공감이라는 이름이다. 어차피 우리가 소통하고자 하는 이유도 더불어 살기 위해서가 아닌가.

◇ 공감은 타인과 나를 비추는 진실의 거울

우리는 흔히 논리로 상대를 설득하려 하는데, 이는 오히려 상대의 마음 문을 닫히게 만든다. 그러니 상대는 어떠한 말도 귀에 들어오지 않는 것이 당연하다. 소통의 필요조건은 '공감'이다. 공감하지 않는 소통은 일방적이고 반감을 일으키며 결국 그 사람과 또다시 만날 기회를 날려버리는 방해꾼이 된다. 상대를 변화시키고 싶은가. 그렇다면 당신이 하는 말의 논리 여부를 따지기 전에 상대를 진실하게 바라보라.

얼마 전 한 건강식품 회사로부터 영업에 필요한 대화법 강의를 요청받았다. 교육 담당자는 짧은 시간에 고객을 설득시키는 강력한 설득화법에 대해 강의해 달라고 했다. 강의 당일, 강단에 올라서자 '어떻게 하면 고객을 내 편으로 끌어들여 영업이익을 올릴 수 있을까?' 이러한 궁금증을 품은 수많은 영업사원들과 마주하게 되었다. 하지만 나는 그들의 예상과는 다른 대답을 내놓았다. 만약 공감 없이 짧은 시간에 상대를 제압하는 설득화법이 있다면, 그것은 100% 가짜라고 말했다.

"여러분, 단시간에 고객을 설득시키고 싶으신가요? 그리고 그렇게 해서 성과를 올리고 싶으신가요? 지금, 말씀드리죠. 단연코 그런 방법은 존재하지 않으며 있다 하더라도 그건 가짜입니다. 장기적으로 봤을 때 고객을 잃어버리게 되는 원인이 될 것입니다. 소탐대실이죠. 세일즈맨은 물건을 팔지만 본질적으로 관계를 파는 사람입니다. 고객과의 신뢰

구축이야말로 자연스럽게 영업 성과로 이어질 것입니다. 고객을 내 편으로 끌어당기려 하기 전에 먼저 여러분이 상대의 편에 이끌려가도록 노력해보세요."

그러고는 오른손을 들었다.

"제가 오른손을 들 때 여러분은 왼손을 들어보시죠. 제가 왼손을 들면 역시 반대로 오른손을 들어보세요. 이것이 바로 공감입니다. 상대의 말과 제스처를 따라하는 것만으로 상대는 공감이 되고 있음을 느낍니다. 공감은 어려운 게 아닙니다. 여기 혹시 상대에게 설득 당하고 싶으신 분이 있나요? 아마도 없을 겁니다. 우리는 본능적으로 설득 당하고 싶어 하지 않는 기질이 있습니다. 자신만의 생각과 가치관이 꺾이는 것을 좋아할 사람은 아무도 없습니다. 상대가 아무리 옳은 말을 하더라도 그렇습니다. 그러니 고객의 생각을 꺾어 설득하기 전에 고객의 감정에 맞춰 손을 들어보세요. 그러면 고객을 쉽게 설득할 수 있습니다. 최고의 설득비법은 바로, 공감입니다."

몇 달 후, 그 기업의 교육 담당자로부터 기분 좋은 전화를 받았다. 당시 교육에 참가했던 영업사원들의 고객 응대법이 많이 개선되었고, 교육을 받지 않은 타 대리점 사원들보다 매출이 절반 이상 상승했다는 희소식이었다. 고객과의 관계뿐만 아니라 회사 내부의 커뮤니케이션, 가족 간의 관계도 향상되었다고 거듭 감사의 말을 전해왔다. 더불어 영업사원으로서 동기부여도 되었다는 것이다. 그는 강의를 듣지 못했던 직원들을 위해 다시 한 번 강의를 요청했다. 최고의 설득비법은 역시 공감이고 타협인 것이다.

◇ 상대에게 내 시간을 선물하라

영업을 할 때뿐만 아니라 일상에서도 공감은 강력한 힘을 발휘한다. 직장 내 관계에서도, 친구관계에서도, 가족관계에서도 우리는 공감 받기를 바란다. 하루 동안 만나는 모든 사람들은 공감을 필요로 하거나 느끼고 싶어 한다. 그들의 마음을 이해하고, 공감하며 거울처럼 반응해보라. 그러면 그들은 당신 편이 될 것이고, 당신의 고객이 될 것이며, 당신의 열렬한 지원자가 될 것이다. 당신은 억눌린 감정의 해소 창구 역할을 함과 동시에 연대의식과 동지애까지 느끼게 해준 것이다. 그래서 공감 능력이 뛰어난 사람은 성공할 확률이 높다고 하는 것이다. '공감 천재'는 곧 '관계 천재'다.

그렇다면 공감은 같은 상황을 경험해본 사람만 할 수 있을까? 물론 자신이 경험한 것이라면 좀 더 쉽게 공감할 수 있겠지만, 세상 모든 일을 경험하기란 불가능하다. 내 양친이 살아계시는데, 두 부모를 잃은 사람의 기분을 내가 어찌 알 수 있겠는가. 이렇게 경험하지 않은 상황에 공감할 수 있는 방법은 무엇일까?

공감이란 시간을 선물하는 것이다. 상대에게 기꺼이 내 시간을 선물해보자.

그럴듯한 말, 어설픈 지식과 조언이 오히려 상대의 감정을 다치게 할 수도 있다. 이런 공감은 안 하느니만 못하다. 바쁜 생활 속에서 살아가는 현대인들에게 효율성은 최고의 가치처럼 여겨진다. 그래서 공감도 빠르게 해야 할 것 같은 중압감에 시달린다. 하지만 그렇게 순식간에 문제를 해결할 수 있는 지름길은 존재하지 않는다.

상대에게 나의 시간을 선물하는 것! 그의 이야기를 끝까지 들어주는 것이 최고의 공감법이다. 공감은 흙길을 걷는 동안 맨발에 느껴지는 땅의 호흡처럼 서서히 생성되는 감정과 같아서, 시멘트 길에서는 느껴지지가 않는다. 상대의 말을 적당히 듣고 적당히 위안하는 인스턴트식 공감은 깊은 내면의 감동을 절대 불러일으키지 못한다.

공감은 자신의 소중한 시간을 상대에게 선물하는 경건한 일이다. 나의 생각은 잠시 내려놓고 상대의 말과 행동에 거울처럼 반응하는 일, 그것이 바로 공감이다. 뛰어난 화술은 무언가를 쉴 새 없이 떠드는 것이 아니다. 오히려 필요한 순간에 침묵하고 기다리는 것, 상대에게 내 시간을 선물하는 것이야말로 굿 스피치(Good Speech)의 방법이다.

소통의 마스터키, 질문의 기술

✧당신의 질문이 당신을 결정짓는다

동창회에서 오랜만에 만난 대학교 동기 친구가 나에게 말한다.

"야, 너 언제 이렇게 살쪘어?"

이 질문에 대한 대답은 2가지다.

"아니, 보기보다 그렇게 찌진 않았어. 예전 몸무게와 별 차이 없는 걸."
"알아봐줘서 참 고맙네. 이렇게 된 건 폭식과 운동부족 때문이지. 노하우 알려줄까?"

긍정이든 부정이든 이 질문은 좋은 대답을 할 수 없는 우문이다.

오랜만에 만난 상대와의 관계를 악화시킬 수 있는 센스 없는 질문이었고, 질문의 의도 또한 그리 좋다고 볼 수 없다. 물론 대답을 듣기 위해서 한 질문도 아니다. 이렇게 상대의 기분만 상하게 만드는 질문은 애당초 아니함만 못하다. 차라리 아무 말도 하지 않는 편이 낫다.

그런데 이렇게 동지를 적으로 돌려세우는 우문을 주변에서 자주 목격한다. 왜일까? 우리는 인간관계를 발전시키는 '질문법'에 대해 제대로 배워 본 적이 없기 때문이다.

현명한 질문은 현명한 대답을 이끌어낸다. 반대로 바보 같은 질문은 바보 같은 대답으로 이어진다.

◇ 질문은 자판기 커피다

질문은 마치 자판기 커피와 같다. 지불한 금액의 가치만큼 돌아오기 때문이다. 질문도 내가 어떻게 하느냐에 따라 상대방의 대답이 달라진다.

상대를 존중하는 마음으로 질문하면 인간적인 공감대와 호감은 물론이거니와 전문적 식견과 조언을 들을 수 있는 가치 높은 대답을 듣게 된다. 반대로 상대를 배려하지 않고 기분을 상하게 만드는 질문, 혹은 정보만을 요구하는 질문을 하는 경우 상대는 그저 최소한의 말로 응답할 것이며 관계가 나빠질 것이다.

대화란 끊임없이 질문과 대답이 오가는 소통의 장이다. 시의적절한 질문은 상대에게 좋은 감정을 이끌어낼 수 있고 관계가 부드러워지도록 윤활유 역할을 해준다. 또한 적재적소의 예리한 질문은 탁월한 정보를 얻을 수 있게 해준다.

대표적인 예로, 오프라 윈프리나 이금희 씨와 같은 방송인들은 현명한 질문만으로 그 프로그램의 가치를 격상시킨다. 토론 및 시사 프로그램의 진행자로 유명한 손석희 전 교수는 예리한 질문으로 유명하다. 그는 '가장 영향력 있는 언론인'에 수차례 선정되었다. 대화에 있어서 질문의 힘이 얼마나 큰지 알 수 있다. 그렇다면 질문은 어떻게 해야 하는 걸까?

◇ 관계형성을 위한 질문

질문하기에 앞서 우리는 질문의 목적을 살펴볼 필요가 있다. 모든 질문에는 그 나름의 목적이 있다. 친구를 만나 안부 인사를 건네거나 스쳐 지나가는 상대에게 질문을 던지는 것도 사소하지만 목적이 있기 때문이다. 하지만 우리는 무의미한 질문을 여과 없이 상대에서 쏟아놓을 때가 있다. 그러면 상대가 질문에 답할 수 없는 분위기가 만들어지고 서로 간의 원만한 관계마저 악화시킬 수 있다.

그렇다면 질문에는 어떤 목적들이 있을까? 첫 번째로 관계형성이다. 우리가 하는 일상적 질문들의 대부분은 바로 이 관계형성에 목적을 둔다. 상대에게 어떤 정보를 얻기 위함이 아니라 질문과 대답이 오고가는 과정에서 형성되는 유대관계를 기대하는 것이다. 그런데 우리는 목적에 역행하는 어리석은 질문을 하는 경우가 많다. 앞서 언급한 대화가 그 예이다.

대화 중에 가장 신경 써야 하는 것은 이 관계에 대한 문제이다. 설사 논리로 싸우는 토론장에서라도 서로의 마음에 상처가 생긴다면 그 대화는 성공적이라고 할 수 없다. 하물며 관계가 전부라고 볼 수 있는 일상적 대화는 어떠할까.

Speech point **Bad Case**

A: 오랜만이다! 근데 너 이런 스트라이프 티셔츠는 어디서 사 입었어?
B: (퉁명스럽게) 길 가다가 맘에 들어 하나 샀어.
A: 에고, 이왕이면 너한테 맞는 스타일로 사지 그랬어?
B: 그래? 별로야?
A: 스트라이프는 너같이 통통한 체격을 더 옆으로 퍼져 보이게 하거든. 몰랐어?
B: 그렇구나……
A: 다음엔 내가 같이 가서 봐줄게. 꼭 같이 가는 거다.
B: (언짢은 표정으로) ……알았어.

> **Speech point Good Case**
>
> A: 오랜만이다! 와~, 그 티셔츠 엄청 예쁘다!
> B: 정말?
> A: 나도 그런 스트라이프 티셔츠 하나 갖고 싶다. 다음에는 나도 같이 데리고 가 주라.
> B: (기뻐하며) 하하. 그래, 알았어.

위의 두 가지 사례를 보면 같은 메시지를 전달하고 있지만, 상대방의 감정은 상반됨을 알 수 있다. 첫 번째 대화에서 B에게 옷이 어울리지 않는다고 지적한 A는 아무런 성과도 얻지 못한 채 B와 헤어졌다. 다음에 만나자고는 했지만 아마도 B는 연락을 하지 않을 것이다. 차라리 B에게 말을 걸지 않고 지나갔다면 친구관계는 나빠지지 않았을 것이다.

두 번째 대화에서 A는 B에게 어울리는 스타일이 아니라는 말 대신 다음에는 동행하자는 동의를 구하고 있다. B는 기분이 좋음은 물론, 다음의 만남을 기대할 것이다.

이렇듯 대화 방식에 약간의 변화를 주고 꼭 해야 할 말과 그렇지 않은 말을 가려서 질문을 하게 되면 상대가 느끼는 감정은 아주 달라진다. 당신이 질문할 때마다 상대가 불쾌한 감정을 느끼는 것 같다면 각별히 주의해야 한다. 다시 한 번 강조하건대 일상적 대화는 관계를 위해서 이루어진다. 이를 망각한다면 내가 욕했던 '답답한 그 사람', '꽉 막힌 불통의 메신저'가 다름 아닌 나일수 있으므로……

따라서 일상적인 질문을 할 때는 먼저 2가지를 고려한 후에 질문하는 것이 좋다.

첫째, 상대방은 이 질문을 듣고서 어떤 생각을 하며 대답할 것인가?
둘째, 이 질문을 함으로써 상대와의 관계에 어떠한 변화가 생길 것인가?

결국 다음에도 웃으며 상대방을 볼 수 있게 만드는 질문, 이것이 바로 일상적 대화에서 가장 현명한 질문이다.

◇ 정보도출을 위한 질문

흔히 기자들이 질문하는 목적은 기사의 콘텐츠를 얻기 위해서, 즉 정보 도출이 목적이다. 그리고 비즈니스 상의 대화에서도 정보를 도출하기 위해 질문이 사용된다. 의사와 환자 간에 질문이 오가는 것도 정보를 나누기 함이다. 그런데 여기서 주의할 점은 질문하기 전 인터뷰어(Interviewer)와 인터뷰이(Interviewee) 간의 라포 형성이다. 라포(Rapport)란 '가져오다', '참조하다'라는 뜻의 프랑스어에서 유래된 말로, 사람과 사람 사이에 형성되는 상호 신뢰관계를 뜻하는 심리학 용어다. 서로 마음이 통하고, 어떤 일이라도 터놓고 말할 수 있으며, 감정적으로나 이성적으로 충분히 공감하는 상호 관계에서 형성된다.

Speech point **Bad Case**

기자: 안녕하세요. 반갑습니다.
작가: 네, 안녕하세요.
기자: (대뜸) 이번 디자인은 어디에서 아이디어를 얻으셨습니까?
작가: (약간 당황하며) 아, 제가 아는 지인의 작업실에서 이야기하다가 생각났습니다.
기자: 그럼 이번 디자인은 기존 디자인과는 어떤 차이가 있나요?
작가: (거북한 표정으로) 보시면 아시겠지만, 기존의 것이 복잡하다면 이번 컬렉션은 단순미에 초점을 맞추었습니다.
기자: 아, 그렇군요. 알겠습니다. 감사합니다.
작가: 네. 안녕히 가세요.

Speech point **Good Case**

기자: 안녕하세요. 작가님, 반갑습니다. 작가님의 작품에 평소 관심이 많았었는데요, 이번 기회에 작가님과 인터뷰 하게 되어 대단히 영광입니다. 지난주에 작가님과 미팅 날짜를 잡은 후 지금까지 계속 설레더라고요. 저 떨고 있나요? (웃음) 아무쪼록 이렇게 먼 길 와주시니 진심으로 감사합니다.
작가: (웃으며) 그냥 하시는 말씀인 줄은 알지만 기분이 좋네요. 먼 길이지만 잘 왔다 싶은데요? 기자님, 인터뷰 잘 부탁드립니다.
기자: 네, 그럼요. 작가님의 말씀에 저는 물론이고, 애독자들이 귀를 기울일 겁니다. 이번 작품의 콘셉트가 전과는 확연히 다르다는 것을 알겠는데요, 개인적으로 저는 기존의 작품도 너무 좋았지만 이번 작품이 모던한 느낌이 들어 더욱 좋았습니다. 구체적으로 어떤 점이 달라졌는지 설명해주시겠습니까?
작가: (기자의 관심에 호감을 표하며) 하하, 기자님, 바쁘실 텐데 제 작품에 그렇게 관심을 가져주시니 너무 감사한데요? 잘 보셨습니다. 제가 원래 추구했던 디자인은 섬세하면서 디테일한 것에 초점을 맞췄다면 이번 컬렉션에는

> 최소의 디자인으로 메시지를 전하고 싶었습니다. 이번 작품의 아이디어는 사실 친한 친구의 작업실에 놀러갔다가 그의 작업장을 보고 얻은 아이디어인데요. 제 작업실은 모든 소도구들이 한 데 어우러져서 굉장히 복잡한 느낌인데 반해 그 친구의 작업실은 아무것도 없는 하얀 백지 같더군요. 어떻게 그런 환경에서 좋은 작품이 나올까 궁금했는데 그 친구는 오히려 그 백지 위에서 자신의 생각을 정리하기 쉽다고 했어요. 인생은 어쩌면 이런 하얀 공백이 아닐까, 그 속에 살아 숨 쉬는 그림을 그리며 사는 게 아닐까 하더군요. 그 순간, '아! 그래, 이거다' 싶었습니다. 돌아오는 길에 작품을 구상하고 집에 도착하자마자 작업한 것이 바로 이 작품입니다. 그 친구가 말한 대로 인생을 담백하게 그리려고 노력했습니다. 그래서 부제에는 제 친구의 이름을 달았고요.
>
> 기자: 너무 공감이 되는 말씀입니다. 저 역시도 인생에 대해 다시 한 번 돌이켜보게 되네요. 자세한 설명 너무 감사합니다. 작가님의 설명을 떠올리며 다시 한 번 작품을 감상해봐야겠네요.
>
> 작가: 감사합니다.

라포가 형성됨에 따라 자칫 딱딱한 인터뷰가 될 수 있었던 대화가 인간적인 대화, 콘텐츠가 풍성한 양질의 인터뷰로 재탄생되었다. 비록 예문이지만 절대로 과장된 것이 아니다. 실제 대화에 있어서도 라포 형성에 따라 좋은 대화가 되기도 하고, 그렇지 않은 대화가 되기도 한다. 대화의 주체는 바로 사람이기 때문이다.

우리 모두는 상대방과 유대감을 느끼는 정도, 호감도에 따라 정보나 사실의 노출 강도를 조절하게 된다. 상대방이 편하면 온종일 이야기해도 지치지 않고 대화 자체가 즐겁지만, 거리가 느껴지고 오로지 정보만을 요구한다는 느낌이 들면 대화는 지루하고 딱딱하게 이어질 것이다.

강의와 컨설팅을 업으로 삼고 있는 필자에게도 단도직입적 질문으로 정보만을 취하려는 사람들이 있다. 그런 경우 '나에 대한 존중이 없군.' 이라는 생각으로 마음의 문을 닫게 되고 내가 알고 있는 지식을 모두 노출하지 않는 것은 물론이다. 상대에 대한 감정이 좋을 수 없으므로 다음 만남도 꺼리게 되는 것이다.

상대에게 정보를 요구하는 질문을 할 때도 먼저 보이지 않는 '끈'을 조성해야 한다. 물론 이 역시 패턴화 되거나 기계화 되지 않도록 진심을 담아야 한다.

그리고 상대에게서 정보를 취하려 하는 사람은 본인 역시 좋은 정보를 제공해야 한다. 필자는 이것에 'One Take-One Give(원 테이크-원 기브)' 법칙이라고 이름 붙였는데, 이는 대화의 최소 조건이라고 할 수 있다. 상대방이 나에게 이로운 정보 '하나'를 주었다면, 나 역시 최소한 한 가지는 제공하도록 노력해야 한다. 상대가 지식 면에서 나보다 우월하다 할지라도, 그가 모르는 분야가 하나쯤은 있기 마련이다. 그 분야의 정보를 제공해주면 상대방은 나를 만나 유익한 시간을 보냈다고 생각할 것이다. 다시 한번 강조하건대 상대와의 만남을 정보를 얻기 위한 시간으로 생각한다면, 그런 만남은 다음을 기약하기 어렵다. 본인의 시간을 가장 우선시 하는 이기적인 사람으로 비추어지기 때문이다. 내 시간과 마찬가지로 상대의 시간도 소중하게 여기는 스피커가 되자.

그리고 모든 사람들은 자신의 정보를 공개함으로써 약자의 입장에 처하게 될 것을 두려워한다. 만약 내 정보를 여과 없이 상대에게 제공했는데 그것으로 인해 상대가 우위에 서거나 경쟁자가 된다면 과연 누가 흔쾌히 답변할 수 있을 것인가. 이러한 두려움은 방어적인 자세를 취하게 하여 솔직한 답변을 듣는데 커다란 장애물이 된다.

> *Speech point* **정보 도출을 위한 질문 시 주의할 점!**
>
> 1. 상대와의 호감관계, 즉 라포(Rapport)가 선행되어야 한다.
> 2. 상대가 정보를 제공하는 만큼 나 역시도 정보를 노출해야 한다.(One Take-One Give 법칙)

✧ 의미 재확인을 위한 질문

상대가 말한 것을 다시 한번 정리하거나 잘 이해하지 못했을 때도 질문이 필요하다. 하지만 그 질문이 부정적이거나 정중하지 않다면 문제를 일으킬 수 있다.

Speech point Bad Case

A: 최근 기업의 브랜드에 인격체를 부여하는 마케팅 방식을 '페르소나 마케팅'이라고 부릅니다. 페르소나 마케팅은 기업 인지도 향상과 함께 소비자에게 친숙하고 일관된 이미지를 줄 수 있다는 점에서 앞으로 더 확산될……
B: (도중에 말을 끊으며) 네? 뭐요?
A: (당황하며) 음, 페르소나라는 말은 겉으로 드러난 외적 성격을 일컫는 심리학 용어로 인격의 '가면'이라고도 하는데요, 스위스 심리학자 칼 융이 인간은 상황에 맞는 가면을 쓰면서 자신의 이미지를 만들어 나간다는 의미로……
B: 말이 너무 빨라서 못 알아들었어요. 뭐라고요?
A: (언짢아하며) ……

Speech point Good Case

A: 최근 기업 브랜드에 인격체를 부여하는 마케팅 방식인 '페르소나 마케팅'이 주목 받는데요. 페르소나 마케팅은 기업 인지도 향상과 함께 소비자에게 친숙하고 일관된 이미지를 줄 수 있다는 점에서 앞으로 더 확산될 전망입니다.
B: 말씀 중에 죄송합니다만, 제가 이해하지 못한 부분이 있어서요. 페르소나 마케팅이라고 말씀하셨는데, 먼저 페르소나의 뜻을 설명해주실 수 있을까요?
A: 네, 그럼요. 페르소나란 겉으로 드러난 외적 성격을 일컫는 심리학 용어로 인격의 '가면'이라고도 하는데요, 스위스 심리학자 칼 융이 인간이 사회생활을 하면서 상황에 맞는 가면을 쓰면서 자신의 이미지를 만들어 나간다는 의미로 사용했습니다. 기업들은 캐릭터(가면)를 통해 소비자에게 기업의 인지도를 높임과 동시에 친근한 이미지를 심어 타 브랜드와의 차별화를 추구하고 있죠.
B: 아, 그렇군요. 감사합니다. 제가 이해한 바로는 국내 대우건설의 정대우 과장, 에쓰오일(S-OIL)의 구도일, 금호타이어의 또로가 페르소나 마케팅의 하나라고 보여지는데요, 제가 잘 이해했나요?
A: (웃으며) 네, 아주 정확히 이해하셨네요.

대화할 때 상대의 말을 완벽히 이해하지 못했다면, 정중하게 다시 한 번 물어보는 것이 좋다. 상대의 말을 이해한 척, 의미를 이해한 척하는 것은 다음의 대화를 위해서 좋지 않다. 그렇다고 해서 상대의 말을 끊고 대뜸 물어본다면, 상대의 기분이 언짢을 수 있다. 질문자는 상대가 다시 한번 설명해주는 것에 대해서 미안하게 생각하고 '쿠션 언어(죄송하지만, 실례가 되지만)'를 사용해 정중하게 요청해야 한다. 또한 상대가 어디부터 다시 설명해야 할지 명확히 제시한다면 처음부터 반복 설명하는 번거로움은 피할 수 있다.

◇ 질문은 가랑비에 옷 젖듯

여러 가지 질문 중 상대방이 부담을 느낄만한 구체적인 질문은 가장 마지막에 하는 것이 바람직하다. 다짜고짜 "어떤 스타일을 좋아하십니까?"라든지, "아버님은 어떤 직업에 종사하십니까?"라는 질문은 상대에게 불쾌한 감정을 일으킨다. 그러니 이러한 질문에 앞서 상대방의 마음의 문을 열 수 있는 가벼운 주제의 질문을 던지자. "오늘 여기까지 오는데 얼마나 걸리셨어요?"라든지, "요즘 날씨 참 변덕스럽죠?"처럼 쉽게 답할 수 있는 질문으로 마음의 문을 두드리는 것이 좋다.

 필자의 지인 중 독특한 화법으로 유명한 분이 있다. 그 분은 처음 본 사람에게도 직접적인 질문을 하는데, 나와의 첫 만남에서도 "수입은 얼마나 되십니까?"라고 물어보아 무척 당황했던 기억이 난다. 한두 시간의 대화를 통해 그 분의 성향을 파악하게 되었지만 그 질문을 끝으로 헤어졌다면 아마 두 번 다시 만나기 어려웠을 것이다.

'가랑비에 옷 젖는 줄 모른다.'는 속담이 있다. 처음부터 궁금한 내용을 마구 퍼붓기보다는 누구라도 대답할 수 있는 질문으로 시작해 상대의 입을 열게 하는 것이 중요하다. 나의 질문에 대한 저항감이 사라졌을 때, 구체적이고 예리한 질문을 해도 전혀 늦지 않다. 질문 범위를 점점 좁혀 들어가며 최후에 가장 핵심적인 질문을 해야 한다는 것을 반드시 기억하자.

◇ 질문은 넓은 곳에서 좁은 곳으로

앞서 설명했듯이 질문은 가랑비에 옷 젖듯, 상대가 알아차리지 못할 정도로 그 강도를 조절하는 것이 중요하다. 개인적인 질문을 할 때는 단도직입적으로 묻는 것보다 먼저 주변 환경에 대해 이야기하는 것이 좋다.

Speech point Bad Case

보험설계사: 안녕하세요.
고객: 네, 반갑습니다.
보험설계사: (대뜸) 현재 정확한 연봉이 어떻게 되십니까? 거기 맞춰서 보험금액이 산출되거든요.
고객: (당황하며) 네? 아, 잠시만요……

Speech point Good Case

보험설계사: 어서 오세요. (커피를 내주며) 말씀 많이 들었습니다. 결혼 정말 축하드려요. 보험에 대해서 문의 주셨다고요? 제 친구가 소개를 해주더군요. 정말 반갑습니다.
고객: 네, 남편 친구가 좋은 설계사님 소개해주셔서 저도 감사해요. 근데 사실 저희가 신혼이기도 하고, 장사도 예전 같지 않아서 보험금액을 어느 정도로 정해야 할지 모르겠네요.
보험설계사: (웃으면서) 네, 맞아요. 요즘같이 불경기에 사실 보험 가입하기 엄두가 안 나실 거예요. 특히 자영업 하시는 분들은 수입도 들쑥날쑥 하잖아요. 아직 신혼이시니 처음부터 무리하게 잡지 마시고요, 어느 정도

> 한도를 논의해 보도록 하죠. 음, 먼저 제 고객분들 사례를 말씀 드릴게요. 비슷한 업종에 계신 분, 한 분은 월수입이 OOO만 원인데 보험료로 OOO만 원을 지출하고 계세요. 수입에 비해 조금 많이 하시는 편이죠. 또 다른 분은 수입이 그것보다는 좀 적은 OOO만 원이고, OOO만 원 정도의 보험료를 지출하고 계십니다. 보통의 경우죠. 고객님은 어느 쪽에 가까우신가요?
> 고객: 저는 뒤의 분의 상황과 비슷한 것 같아요.
> 보험설계사: 아~ 그러시군요. 그렇다면 OOO만 원 정도를 보험료로 산출하는 것이 어떨까요? 괜찮으시겠어요?
> 고객: 네, 저랑 상황이 비슷한 분들이 그렇게 한다면 저도 그 정도로 해볼게요.
> 보험설계사: 네, 감사합니다. 그럼 정확한 금액을 책정하기 위해 올해 초까지의 대략적인 수입에 대해서 말씀해주실 수 있을까요? 제가 부담이 가지 않는 금액을 먼저 제시해 드리겠습니다.
> 고객: 네, 잠시만요. 올해 초, 그러니까 석 달 간 수입을 계산해보면, 대략 OOO만 원이네요.
> 보험설계사: 네, 감사합니다.

일반적으로 가족사항, 연봉, 재산 정보에 대해 물어볼 때는 신중하게 다가가야 한다. 사적인 이야기를 이끌어내는 과정에서 어설프거나 단도직입적인 질문은 본의 아니게 상처를 줄 수 있기 때문이다. 따라서 주변 환경에 대해 이야기함으로써 대화의 물꼬를 트고 천천히 개인적인 이슈로 진입하는 것이 바람직하다. 이때 상대가 민감한 반응을 보인다면 좀 더 시간을 두고 천천히 물어보는 것이 좋다. 단시간에 모든 정보를 파악하려는 습관이 있다면 하루 빨리 고치도록 하자.

◇ 질문 하나로 천 냥 빚을 갚는다

권위적이고 깐깐한 사람들에게 질문하기란 여간 어려운 일이 아니다. 이들은 자신의 자긍심뿐만 아니라 몸담고 있는 분야에 대한 자긍심이 높은 벽을 형성해 사람들과 원활하게 소통하지 못하는 경향이 있다. 그래서 그들은 주로 자신과 비슷한 사람들과 소통함으로써 관계가 아주 좁게 형성될 수밖에 없다. 그렇다면 이들에게서 가치 있는 대답을 이끌어내기 위해 우리는 어떻게 질문해야 할까? 이런 사람들에게는 다짜고짜 물어보는 것이 좋을까?

Speech point **Bad Case**

기자: 교수님, 갑의 우월적 지위를 이용해 약한 사람을 괴롭히는 사람의 심리에 대해 말씀해주시겠습니까?
교수: (불편한 기색을 드러내며) 지금 굉장히 바쁩니다. 다음에 연락해요.

Speech point **Good Case**

기자: (조심스럽게) 존경하는 교수님, 전화가 연결되어 너무 기쁩니다. 다름이 아니오라 저희 독자들이 심리학의 최고 권위자이신 교수님의 의견을 듣고 싶어 해서요. 실례지만 시간을 많이 할애하지 않는 범위 안에서 조심스럽게 여쭙고 싶은데, 괜찮으시겠습니까?
교수: (으쓱하며) 지금 좀 바쁘긴 한데, 간단히 질문해보세요.
기자: 네, 진심으로 감사합니다. 요즘 갑의 우월적 지위에 대한 사회적 인식이 많이 바뀌고 있습니다. 예전에는 관행처럼 여겨지던 '일방적 밀어내기'도 OO사의 음성파일 공개로 인해 인터넷에 알려지면서 자성의 목소리가 높은데요. 이러한 갑의 행태, 우리가 우월적 지위에 올라서면 어떠한 심리로 상대를 대하는지에 대해 설명해주시겠습니까?
교수: 네, 그건 말이죠…… (답변하기 시작함)

전문가나 한 분야의 권위자에게서 흔히 발생되는 문제는 그들이 쌓아놓은 업적과 그간의 노력이 불통의 요소로 작용한다는 것이다. 그런데 반대로 그들은 타인이 자신을 신뢰하고 권위를 인정한다고 느끼면 알고 있는 모든 정보를 거리낌없이 공개하는 특징이 있다.

전문가나 한 분야의 권위자에게 정보란, 하나의 권위이며 그들이 생산해내는 제품이고 철학이다. 그래서 그들에게 정보를 취한다는 것은 장인에게 하사하는 것처럼 어려운 일이다.

진심으로 그들의 권위를 인정하라. 그리고 정보를 제공해주는 것에 감사함을 표하라.

이 말은 마음에도 없는 아부를 하라는 의미가 아니다. 한 분야에서 오랫동안 통찰하여 얻은 지식을 짧은 시간에 말해주는 것이므로 분명 우리로선 감사할 일이다. 또한 상대를 진정으로 존중하는 마음, 그리고 분야에 대한 진정한 존경심을 표현하면 상대의 마음 문이 열려 좀 더 많은 정보를 제공해줄 것이다.

그리고 그에게 물어보는 이유에 대해 설명하라. 불특정 다수에게 물어보는 것이 아니라 선택되어진 특별한 사람에게 조언을 구하는 것임을 인식시키는 것이 중요하다. 가장 현명한 답을 구하는 과정에서 그 사람이 절대적인 역할을 한다고 표현하자. '당신이기 때문에', '이 분야의 권위자이기 때문에' 질문하는 것과 그저 다수의 의견을 취합하기 위해 묻는 것과는 상당한 차이가 있다.

타인의 시간을 취한다는 점에서 질문은 어찌 보면 대답하는 사람보다는 질문자를 위한 것이다. 자신의 시간을 내어주며 소중한 철학과 지식, 정보를 주는 사람에게 감사한 마음을 갖는 것은 당연하다.

◈ 어마어마하게 다른 "아"와 "어"

심리학에서 널리 사용되고 있는 유명한 예시를 하나 소개하고자 한다.
 다음 질문은 핵무기를 보유하고 있는 나라의 국민을 대상으로 질문한 것이다.

> 당신은 우리나라의 핵무기로 인해 안전하다고 느낍니까?
> (Do nuclear weapons of our country make you feel safe?)

그 결과 그렇다 45%, 아니다 50%, 그리고 의견 없음 5%로 조사되었다. 근소하지만 '아니다'가 많은 것으로 나타났다. 그리고 다음 질문이 이어졌다.

> 당신은 우리나라의 핵무기로 인해 더 안전하다고 느낍니까?
> (Do nuclear weapons of our country make you feel safer?)
>
> [출처] Survey of British Gallup, 1986

그 결과, 사람들의 대답은 그렇다 50%, 아니다 36%, 의견 없음(14%)으로 '핵무기로 안전하다'와 '안전하지 않다'의 비율이 역전된다. 전자에서는 근소한 차이긴 하지만 핵무기로 인해 안전하지 않다는 의견이 앞섰다. 하지만 '좀 더'의 의미를 추가하자 안전하다는 의견이 많아졌다. 왜 이런 결과가 나타났을까?

첫 번째 질문에서는 핵무기로 인해 안전한가, 즉 핵무기가 과연 국민의 안전을 보장하는가를 생각하게 된다. 그래서 핵무기의 타당성에서 대해서 고민하지만, 두 번째 질문은 기존의 안보체계에 핵무기가 더해지면 더 안전해지는가로 해석된다. 이러한 이유로 두 번째 질문이 '핵무기로 인해 안전하다고 느낀다.'는 대답을 유도하기가 쉬웠던 것이다.

이처럼 작은 차이가 다른 결과를 낳는다. 상대에게 긍정적인 대답을 이끌어내기에 앞서 나의 질문이 해석의 논란이 있는지 다시 한번 고민해야 되는 이유이다. 실제로 자신의 질문이 오해의 여지가 있는 경우 긍정적인 피드백을 받지 못하는 경우가 종종 발생한다. 그렇다면 그 질문은 성공적이라고 볼 수 없다.

Speech point 질문하기 전 체크포인트

상대에게 질문할 것을 미리 종이에 적어서 객관화시켜라.
다르게 해석될 여지는 없는지, 사용한 단어가 큰 오해를 불러일으킬 수 있지 않는지 검토해보는 것이 중요하다.

그리고 상대방의 입장이 되어 직접 대답해봐라.
보통은 상대의 대답을 미리 예상해서 답변하기 마련이다. 하지만 앞으로는 철저히 그의 입장이 되어서 답변을 해보라. 그러면 원하는 답을 이끌어내기 위한 질문을 쉽게 찾을 수 있을 것이다.

◇ 주관식과 객관식을 적절히 사용하라

우리는 여론조사를 통해 중요한 현안이나 사안에 대한 여론을 대략적으로 예상할 수 있다. 그런데 여론조사의 결과가 시시때때로 달라지는 경우가 있다. 이를 자세히 살펴보면 그 원인이 질문의 방식에 있음을 알 수 있다.

이것을 입증해주는 하나의 예가 있어 소개한다. 저명한 사회학자이자 심리학자인 미시간 대학의 하워드 슈만(Howard Schuman) 교수는 우리가 사용하는 여론조사 방법의 비밀에 대해 소개한다.

'현재 이 나라(미국)가 직면한 가장 중요한 현안은?'이라는 질문과 함께 아래의 보기를 제시한다. 그리고 그 결과는 오른편 괄호 안에 숫자로 표기되어 있다.

1. 공교육 질의 향상 (32%)
2. 환경오염 문제 (14%)
3. 낙태의 합법화 (8%)
4. 에너지 부족 (6%)
5. 기타 (40%)

[출처] Howard Schuman and Stanley Presser, "The Open and Closed Question," American Sociological Review, 1979, 44: 692–712.

그리고 이와 동시에 다른 대상자들에게 질문은 같지만 방식만 다르게 여론조사를 실시했다. 이번엔 객관식이 아니라 의견을 자유롭게 서술할 수 있는 주관식으로 질문을 했다. 그 결과는? 객관식 조사와 전혀 다르게 나왔다. 주관식으로 대답한 사람의 2%만이 1번부터 4번까지의 보기로 답했다. 그리고 나머지의 98%는 보기에 없는 문제로 답했다. 왜 이런 결과가 나왔을까?

이미 보기가 주어진 객관식 질문은 사고 범위를 제한시킨다. 그래서 보기에서만 정답을 도출해내야 하는 프레임이 무의식 중에 형성되는 것이다. 이는 열린 사고를 방해하여 창의적인 답변을 도출하지 못하는 현상을 초래한다.

반면 범위 제한이 없는 주관식 질문의 답변을 하기 위해서는 처음부터 사고를 할 수밖에 없다. 이로써 개개인의 사고와 가치관, 철학, 정치관 등 수많은 변인에 의해 다양한 답변이 나온다. 가령, '조기교육의 문제점은 무엇입니까?'라는 질문에도 수십 가지의 답변이 나오는데, 개인마다 조기교육에 대한 정의가 다르고 그 중요성도 천차만별이기 때문이다.

필자 역시 강의 현장에서 '여러분이 생각하시는 소통의 정의는 무엇입니까?'라고 물어보는 경우가 있다. 이렇게 열려 있는 주관식 질문을 할 경우 답변은 최소한 10개 이상이 쏟아진다. 이 중에는 강사인 나조차도 생각하지 못한 창의적인 답들이 있어 깜짝깜짝 놀란다. 반면에 소통의 정의를 객관화하고, 기타 의견을 물어보면 예상 가능한 뻔한 답변들이 나온다.

즉, 내가 원하는 답변을 창출해내기 위해서는 어느 정도 그 의도에 맞는 형식을 고려하는 것이 바람직하다. 창의적이고 열린 대답을 원한다면 주관식으로, 어느 정도 의도를 가지고 원하는 방향의 대답을 도출하고 싶다면 객관식을 사용하도록 하자.

◇ 부정형 질문은 부정형 결과를 낳는다

필자가 군에 있을 때 선임자에게 항상 들었던 말이 기억난다. 말끝에 "될까요?"가 아닌 "안 될까요?"를 붙이라고 강압 아닌 강압을 받은 것이다. "될까요?"라는 질문이 예의 바르지 못하다는 것이다. 지적 받고 나서는 항상 부정형의 질문만 사용하게 되었지만 돌이켜 생각해보면 긍정형의 질문으로도 충분히 예의 바르게 물어볼 수 있다. "~해도 되겠습니까?" 혹은 "~할 수 있겠습니까?"라는 질문은 절대 무례하지 않다. 일상생활 속에서 이렇게 부정적인 대답을 이끌어내는 부정적인 질문은 별로 도움이 되지 않는다. "안 될까요?"라는 질문은 애당초 안 되는 상황인데 실례를 끼치는 듯한 뉘앙스를 풍기기 때문에 Yes라는 답변을 이끌어내기 쉽지 않다. 그러므로 상대에게서 Yes를 이끌어내려면 질문하기 전에 Yes를 대답할 수 있는 환경을 만들어놓자. 내가 이미 No를 가정하고 질문한다면 대답은 No로부터 시작되어 Yes로 가는 험난한 터널을 거쳐야

하기 때문이다. "가능하겠죠?" 혹은 "제가 잘 할 수 있으려면 무엇을 해야 할까요?" 등 내가 긍정형의 질문을 던진다면 상대방 역시 긍정형으로 대답하기가 더 수월할 것이다. 스스로를 부정적으로 보는데 상대방이 긍정적으로 봐줄 리 만무하다. 상대에게 긍정의 반응을 이끌어내려면 반드시 긍정형으로 질문해야 한다.

03 부정을 긍정으로 바꿔라

◇ 약점은 장점이 된다

간혹 취업 면접에 관한 컨설팅을 진행하다 보면 면접장에서 약점은 애써 감춘 채 장점만 강조하려는 지원자들을 많이 만나게 된다. 물론 장점은 극대화시키고, 단점은 최소화하려는 그들의 노력이 참으로 가상하나 오히려 정면 승부하는 것이 더 좋은 방법이다.

내가 코칭했던 학생들 가운데 유독 사투리가 심한 친구가 있었다. 그 친구는 날 때부터 제주도에서 살았던지라 아무리 노력해도 단기간에 특유의 제주도 방언을 극복할 수는 없었다. 나는 사투리가 꼭 나쁜 것은 아니라고 말했지만 그 학생은 서울 말씨를 따라 하기 위해서 부단한 노력을 기울였다. 하지만 평생의 습관이 어찌 단기간에 고쳐지랴. 결국 포기하고 만 그 친구에게 난 다음과 같이 말하라고 조언했다.

"저는 제주도에서 평생을 자란 지원자 OOO입니다. 보시다시피 생긴 것도 그렇지만 말투도 서울과는 전혀 거리가 멉니다. 솔직히 저는 서울 말씨를 정확하게 구사하지 못합니다. 제주도 방언이 표준어와 조금 다르거든요. 혹시 제가 중간에 실수로 사투리를 쓰거나, 면접관님의 말을 못 알아듣는다면 멀리서 배 타고 와서 고생한다고 생각해주시고 귀엽게 봐주시면 정말 감사하겠습니다."

처음에는 자신의 단점 때문에 주눅들어 있던 친구가 초반에 아예 양해의 말을 하고 나니 당당하게 자신의 생각을 주저 없이 이야기할 수 있었다. 또한 면접관도 더 이상 사투리를 지적하지 않고 오히려 그 학생에게 더욱 큰 관심을 보이며 다른 질문을 많이 던졌다. 그 학생은 며칠 뒤 합격의 영예를 안게 되었다.

그렇다. 우리는 완벽하지 않다. 완벽할 수 없는 게 사람이라면 우리가 갖고 있는 단점을 용기 있게 먼저 노출시키는 것도 하나의 방법이다. 상대에게 나의 단점을 솔직히 고백하려면 큰 용기가 필요하지만 그럴만한 가치가 있는 일이다. 그러니 단점을 꽁꽁 에워싸기보다는 솔직히 고백하고 상대에게 먼저 마음의 문을 열어보라. 상대 역시 단점을 고백하는 당신을 매력 있는 사람으로 인식하고 다가갈 것이다.

◆ 멀어져야 가까워진다

필자는 '불가근 불가원'이란 말을 좋아한다. 알다시피 이 말은 너무 가까워지는 것을 경계하고 또 너무 멀어지는 것도 경계하라는 뜻이다. 우리는 기본적으로 타인과 가까워지려는 욕구가 있다. 특히 나와 같은 취향을 갖고 있거나 매력적인 타인을 발견하면 계속 연락을 취하면서 친해지고 싶다고 느낀다.

그런 의미에서 최근 SNS의 눈부신 성장은 타인에 대해 알고 싶어 하고, 친해지길 원하는 우리의 욕구를 반영한 결과라 할 수 있다. 인간은 관계의 동물이기에 SNS를 통해 인적 네트워크를 쌓으려는 욕구는 강렬하다. 단, 여기서 우리가 간과해서는 안 되는 것이 있다. 바로 '가까움'에 대한 성찰이다. 우리는 가까워지는 것을 추구하는 동시에 경계해야 한다. 이는 가족에게도 마찬가지다. 왜냐하면 우리는 가까운 사람에게 함부로 대하는 경향이 있기 때문이다. 이러한 경향은 언어에 거울처럼 반영된다.

기혼자들이 공통적으로 배우자에게 하는 말이 있다.

"결혼하고 이 사람이 변했어요! 원래는 안 그랬는데……"

하지만 정말 그 사람이 변한 것일까? 본래 그런 사람이 아니었는데 시간이 지나니 변해버린 것일까? 진실을 말하자면 아니다. 그는 그저 처음의 상태로 돌아갔을 뿐이다. 인간은 본래 처음 만난 사람에게는 잘하지만 익숙하고 친해지면 함부로 하는 경향이 있다.

우리는 처음 만난 사람 혹은 낯선 사람에게 쉽게 말을 하지 못한다. 이는 상대를 잘 모르기 때문이기도 하지만 혹 자신의 말실수 때문에 좋지 않은 감정을 심어줄까 봐 조심스럽게 행동하는 것 때문이기도 하다. 상대의 감정을 상하지 않도록 질문도 까다롭게 선택하고, 상대에게 잘 보이기 위해 대답도 잘하고 고개를 끄덕이는 등 표정과 제스처를 동원해 적극적인 리액션을 취하게 된다. 이는 원만한 대화를 이끌어가는 윤활유와 같지만 자연스럽게 하기가 쉽지 않다. 그래서 몸에 익히려면 훈련이 필요하다.

반면 상대와 친하고 가깝다고 느낄 때 우리는 쉽게 말하고 쉽게 행동하게 된다.

◆ 멀리서 봐야 더 아름답다

우리는 가까운 사람들과의 대화에서 어떤 실수를 하게 될까?

첫째, 상대의 의사를 존중하지 않는다.
어떤 사람을 오래 알고 지내면 상대에 대해 깊이 알게 되어 소통이 더 원활해질까? 나는 오히려 반대라고 생각한다. 우리는 상대에 대해 잘 알고 가까워졌다고 느끼는 순간부터 예의란 것을 버리게 된다. 그래서 지레 짐작하고 말을 끊어버리거나 상대의 뇌를 파헤치듯 정확히 파악할 수 있다고 착각한다. 하지만 단언컨대 절대 그렇지 않다. 나는 부모님과 30년이 넘는 세월 함께 살았지만 아직도 어떤 생각을 하고 계신지 정확히 모르는 부분이 많다. 안다고 하더라도 빙산의 일각 정도일 것이다. 평생 함께 살았던 가족조차도 다 이해할 수 없는데 어찌 섣불리 남을 안다고 말할 수 있겠는가. 당연히 조심스러운 부분이 아닐 수 없다.

마음에 상처를 주는 대화를 하는 대상은 절대 처음 보는 사람이거나 일회성으로 만나는 사람들이 아니다. 그들과의 대화에서 커다란 말실수를 하는 일은 거의 없을 것이다. 우리를 고민에 빠트리고 마음 깊숙한 곳에서부터 염증을 느끼게 하는 대상은 사실 가까이에 있다.

내가 컨설팅 하는 이들 가운데서도 비즈니스에는 전혀 문제가 없지만 가족 간의 대화에서는 갈등이 일어나고 의사소통이 안 되는 사람들이 많았다. 이 같은 문제의 원인은 아주 간단하다. 친한 사람을 대하는 태도와 조금은 불편한 사람을 대하는 태도가 전혀 다르기 때문이다.

내게 개인적인 코칭을 받았던 사람을 예로 들어보겠다. 그는 수업 내내 밝은 미소로 화답하면서 경청하는 자세로 임했다. 물론 나의 지도를 받고 있기 때문에 강사에 대한 예우를 하는 것이었지만 그럼에도 본인보다 나이가 어린 컨설턴트를 대하는 자세가 무척 신사다웠다. 그러다 보니 나 역시 자연스럽게 그 사람에 대한 애정과 존경심이 조금씩 생겨났다. 하지만 그 사람에게는 남모르는 비밀이 있었는데 바로 딸들과의 대화, 아내와의 대화에서 자꾸 말싸움이 생긴다는 것이었다. 처음에는 쉽게 이해할 수 없었다. 이렇게 신사답게 대화하고 경청하는 사람이 어떤 문제가 있기에 가족들과의 대화에서 힘들어 하는 걸까. 나는 딸과의 대화에서 생기는 문제가 무엇인지 파악하기 위해 자연스러운 일상의 대화들을 녹취해 오시라는 과제를 드렸다. 일주일 뒤 녹음내용을 함께 듣고 분석해보니 놀라움을 금할 수가 없었다. 나와 대화할 때와는 달리 아버지로서 딸들의 의견을 중요하게 생각하지 않았고, 쉽게 판단했으며, 경청하거나 적극적인 리액션이 부재했던 것이다. 그는 딸의 말이 채 끝나기 전에 자주 중간에 끼어들었고 조금이라도 맘에 들지 않는 부분이 있거나 논리적인 오류가 있을 때는 가차 없이 비판하고 가르치려 했다. 딸 역시 기분이 좋을 리가 없다. 점차 아버지와의 대화를 피하게 되었다.

그렇다. 우리는 가까운 사람의 의사는 함부로 판단해서 끝까지 경청하려는 노력을 하지 않는다. 편하기 때문에, 그리고 가깝기 때문에 오히려 존중하는 자세를 잃어버리고 소홀히 대하는 것이다. 나 역시 과거에는 그랬다. 잘 모르는 사람들에게는 친절하게 대하면서 가족에게는 상처를 주는 언어를 많이 사용했다. 지금에라도 이 비밀을 알았으니 가족에게 더욱 조심스럽게 대화를 하려고 노력한다.

둘째, 반말을 한다.

앞서 불통의 10가지 요소에서도 다뤘지만 우리는 상대와 가까워지는 순간 동의 없이 반말을 하게 된다. 하지만 이 경우 상대는 존중 받지 못한다고 느끼고 불쾌해 할 수 있다. 실제로 언어에는 힘이 있어서 말을 낮추는 것과 동시에 상대를 낮춰 보려는 악한 심성이 싹튼다. 일상에서도 이런 예를 심심치 않게 볼 수 있다. 상대가 나를 소홀히 여기거나 존중하지 않는다고 느끼는가. 그렇다면 먼저 상대가 사용하는 언어를 점검하라. 언어가 있는 곳에 마음이 있다.

셋째, 타인에 대한 뒷담화를 한다.

우리가 삶을 살아가는 동안 절대 멈추지 않는 것이 있는데, 바로 타인에 대한 평가와 비난이다. 인간은 본성적으로 타인보다 내가 더 나은 사람이 되길 원한다. 이 목표에 도달하는 데는 2가지 방법이 있는데 첫째는 스스로에 대한 채찍질이고, 둘째는 타인에 대한 채찍질이다.

상대를 평가하고 비난하는 것은 정말로 쉬운 일이다. 아마 세상에서 가장 쉽고 달콤한 행위가 있다면 바로 타인에 대한 험담일 것이다. 그래서 우리는 처음 보는 사람들과 뒷담화를 하며 친해지고, 친한 사람들과도 뒷담화를 하며 일종의 공감대를 형성한다. 하지만 정말 그 사탕은 달콤하기만 할까. 이미 경험했겠지만 그 사탕의 첫 맛은 달콤하나 끝 맛은 참으로 씁쓸할 수밖에 없다.

성경 말씀을 한번 살펴보자.

'너희가 판단을 받지 않으려거든 남을 판단하지 말라. 너희가 남을 판단하는 것만큼 너희도 판단을 받을 것이며 남을 저울질하는 것만큼 너희도 저울질 당할 것이다. 왜 너는 형제의 눈 속에 있는 티는 보면서 네 눈 속에 있는 들보는 보지 못하느냐? (중략) 위선자야, 먼저 네 눈 속의 들보를 빼내어라. 그러면 네가 밝히 보고 형제의 눈 속에 있는 티도 빼낼 수 있을 것이다.' (마태복음 7장 1절-5절)

옳은 말씀이다. 타인을 비난하려는 욕망을 다스리고 그 귀한 시간을 자기 자신을 성찰하는 데 활용하면 어떨까. 원래 비판은 타인에게 사용하면 가장 쓸데없는 시간이 되고, 자신에게 사용하면 가장 가치 있는 시간이 된다. 자신을 돌아보는 것만큼 중요한 일은 없으니 말이다. 요컨대 세상에 가장 쉬운 것은 상대를 판단하고 비판하는 행동이고, 세상에서 가장 어려운 것은 나 자신을 스스로 돌아보며 건강한 비판을 하는 것이다. 남들에게는 가장 쉽고 나에게는 가장 어려운 것이 바로 비판이다.

상대를 가리키는 손가락을 반대로 나에게 돌려보라. 그리고 말해보라. "넌 잘하고 있니?"

◆ 먼저 비판하고 마지막에 칭찬해라

많은 사람들이 상대에게 조언을 하고자 할 때 어떻게 해야 할지 고민한다. 물론 직접적으로 비판할 때도 있지만 가능한 상대를 배려하고 상처를 덜 주고 싶은 마음에 우선 칭찬을 하고 비판하는 경우가 많다. 사실 이때 가장 좋은 방법은 상대가 스스로 변화할 수 있도록 인내심을 갖고 지켜봐 주는 것이지만 꼭 조언을 해야 한다면 반드시 알아둬야 할 것이 있다. 바로 비판이 우선되어야 한다는 것이다.

"아빠는 우리 딸이 열심히 공부했다는 것은 잘 알아. 하지만 마지막 면접에서 긴장의 끈을 놓은 것 같아. 앞으로는 유종의 미를 거둘 수 있도록 끝까지 집중해봐."

"OO씨는 인상이 좋고 참 편안해 보이는 장점이 있어요. 그런데 한편으론 좀 더 카리스마 있는 리더십도 필요할 것 같은 생각이 들어요."

이렇듯 우리는 칭찬 뒤에 비판을 할 때가 많다. 마치 그게 말하기의 정석이라도 되는 것처럼 아무 의심 없이 기계적으로 말이다. 그래서 어떤 지적을 할 때 상대에게 하고픈 말은 뒤에 배치하고 일단 칭찬부터 해야 할 것 같은 의무감을 느끼곤 한다. 물론 그 선한 의도는 참 좋다. 하지만 한번 생각해보라. 이 방법이 정말 상대방에게 효과적이었는가? 상대가 기분 상해하지 않던가? 이쯤 되면 눈치챘겠지만, 이것은 절대 좋은 방법이 아니다.

화자와 청자가 인식하는 메시지는 다르다. 화자는 상대방을 비판하기 전에 충분히 상대의 장점을 말했으니 상대방의 감정을 배려했다고 생각하겠지만, 청자는 잘한 부분은 축소되고 잘못된 부분만 강조한다고 생각한다. 그래서 서운함을 느끼는 것이다.

이를 심리학에서는 역행 간섭 효과(retroactive interference)라고 말한다.

사람의 뇌는 부정적 인식을 더 잘 기억하는 본성이 있다. 칭찬 뒤에 부정적 메시지를 듣게 되면 모든 인식이 부정적 메시지에 반응해서 정작 앞의 칭찬은 잊어버린다. 비판 뒤에 칭찬을 하면 어떻게 될까? 사람들은 비판을 들은 직후의 메시지에 예민하게 반응하기 때문에 칭찬을 더욱 오래 기억한다. 앞의 사례를 순서를 바꿔 다시 표현해보자.

"우리 딸이 마지막 면접에서는 긴장의 끈을 놓은 것 같아. 앞으론 유종의 미를 거둘 수 있도록 끝까지 집중했으면 좋겠어. 하지만 우리 딸이 이렇게 어려운 환경에서도 최선을 다해 공부했다는 게 정말 대견해. 아빤 네가 참 자랑스럽고 고맙다."

"OOO씨는 좀 더 강력한 카리스마 리더십을 갖추면 좋겠어요. 인상이 좋고 참 편안해 보이는 장점을 활용한다면 팀원들이 더 잘 따를 것 같아요."

그저 앞뒤 순서만 살짝 바꿨을 뿐인데 상대가 느끼는 감정은 전혀 다를 것이다.

필자는 강의가 끝나면 꼭 강의 평가를 듣는데 이때가 가장 무섭고 긴장되는 시간이다. 내 경험에 비추어볼 때, 앞에 90%의 칭찬이 있고 뒤에 10%의 비판이 있다면 기분이 좋지 않다. 차라리 처음에 비판을 듣고 나중에 칭찬을 해주길 바라게 된다.

쿨하지 않은 게 사람이고, 쿨하지 않아야 사람이다. 사람은 감정의 동물이니 어찌 보면 당연한 일일 것이다.

흔히들 비판하기에 앞서 상대의 기분을 맞춰 주려고 의례적으로 칭찬하고 본론을 말하지만 상대는 가장 나중에 들은 부정적 메시지를 더 크게 받아들이게 된다.

이제부터는 꼭 '선비판 후칭찬'을 대화의 원칙으로 삼기 바란다.

◇부정적인 사람을 대하는 긍정적인 방법

상대에게 최선을 다해서 말하는데 상대가 여전히 무례한 언어를 사용하거나 함부로 대한다면 어떻게 해야 하는 걸까? 부정적 사고방식에 사로잡혀 내가 무슨 말을 해도 언쟁이 되고, 괜한 감정의 골만 깊어진다면 그땐 정말 어떻게 대처해야 하나? 더구나 내가 그 영향을 직간접적으로 받고 있다면 문제가 심각하다.

이런 경우 대부분의 사람들은 상대를 이성적으로 가르치려 한다. 감정을 최대한 절제하며 조목조목 따져 상대의 잘잘못을 제대로 알려주는 것이다. 혹은 당신의 말이 나에게 어떤 피해를 주는지 이야기하는 (I-massage) 기법을 활용할 수도 있다. 물론 이런 방법이 효과를 발휘할 때도 있다. 감사하게도 상대가 나의 진심을 알아주고, 자신의 단점을 꼬집어주어 고맙다고 할 수도 있는 것이다. 하지만 그런 사람이라면 애당초 이런 고민을 만들지도 않았다. 문제를 만드는 사람들은 오히려 당신의 선한 의도를 표적 삼아 공격하려 들 것이다.

그런 사람들에게 최선의 대응법은 비언어적 커뮤니케이션이다. 이는 종종 언어적 커뮤니케이션보다 더 큰 영향력을 발휘한다. 다음에 설명할 2가지 방법은 이성적으로 타이르거나 가르치는 것보다 그들을 훨씬 더 크게 변화시킨다.

첫째, 상대방의 의도에 적극적으로 동의를 표한다.
아무리 부정적인 언어를 사용하고 말도 안 되는 논리를 펴고 있다 할지라도 그들의 의도만큼은 선할 수 있다. 정의감에 불타는 사람이 불의에 항거할 때 원색적으로 비판하거나 비속어를 사용할 수 있다. 혹 자라온 환경 탓에 부정적인 언어만을 구사하는 사람들도 있다. 세상에 이해하지 못할 상황이란 없다. 상대가 그런 말을 한 의도, 또 그 사람이 처한 환경 등을 미루어 짐작해보면 긍휼히 여기지 않을 수 없다. 하다못해 그 릇된 스피치로 주위에 남은 사람들이 없어 외로운 처지라면 저절로 동정심이 생길 것이다. 그 사람의 언어는 미워해도, 사람 자체를 미워할 일은 아니다. 왜 그렇게 이야기할 수밖에 없는지, 말의 배경과 의도에 동의를 표하면 되는 것이다.

둘째, 화제 전환 그리고 갑작스러운 침묵이다.

첫 번째 방법이 먹히지 않는다면, 자연스럽게 시선을 다른 곳으로 돌려라. 적극적으로 리액션하는 것을 멈추고 다른 행동, 예컨대 핸드폰을 보거나 책을 잠시 보면 된다. 보디랭귀지를 활용해 '당신의 말에 관심이 없다.'는 사인을 보내는 것이다. "왜 그렇게 말하는 거죠? 듣고 싶지 않아요."라고 직접적으로 말하는 것은 상대를 자극해서 관계를 수렁으로 끌고 간다.

보디랭귀지 등의 비언어적 커뮤니케이션은 상대의 감정을 덜 손상시키고 스스로 뜨끔하게 만들 수 있는 좋은 방법이다. 침묵하는 것도 의외로 강력한 메시지가 된다. 모든 대화와 리액션을 잠시 멈춤으로써 상대에게 'Please, Stop!'이라는 메시지를 전할 수 있다.

만약 위의 2가지 방법을 썼음에도 여전히 똑같은 행동을 한다면 그 사람과의 관계에 대해 진지하게 생각하길 바란다. 모든 사람들은 주변의 관계에 영향을 받으며 살아간다. 어떤 사람을 만나느냐에 따라 성격과 기질이 형성된다는 말이다. 아무리 부정적인 사람이라도 긍정적인 사람들과 지속적으로 관계를 맺게 되면 조금씩 변하게 된다.

우리는 관계 속에서 발전한다. 상대방으로부터 배우고 변화하고 성장하려면 좋은 인간관계를 선택적으로 취할 줄 알아야 한다. 이는 계산적이고 이기적인 것이 아니라 꼭 필요한 행동이다. 상대에게 부정적인 언어를 자주 듣게 되면 나의 감정과 행동에 안 좋은 영향을 미쳐 결국에는 내 언어 습관까지 부정적으로 변할 것이다. 생각과 감정은 자연스럽게 스피치에 반영된다. 그러니 부정적인 관계는 과감하게 도려내자. 어영부영 관계를 유지하다 보면 바로 내가 부정적 언어의 주인이 될 수 있다.

나를 아낌없이
버려라

◇ 존중해주면 거만해지는 사람, 존중해주면 겸손해지는 사람

필자는 택시를 타고 내릴 때, 기사님보다 먼저 인사하는 습관이 있다. 특별히 인성이 바르다기보다 그것이 나의 오래된 습관이기 때문이다. 어느 한가로운 오후, 택시를 타고 기사님께 행선지를 말씀드렸다. 그런데 처음에는 정중하고 공손하게 맞이해주던 기사님이 시간이 지날수록 반말을 하는 등 손아랫사람을 대하듯 무례하게 구는 게 아닌가. 나는 적잖이 당황했다. 상대를 존중해주는 나의 태도가 그분에겐 오히려 상대를 가볍게 여기는 요소로 작용한 것이다. 기분이 좋지 않아 택시에서 내릴 때까지 침묵을 지켰다.

반대로 필자가 섬기는 교회의 최은성 목사님은 항상 겸손하고 자신을 성찰할 줄 아는 분이다. 그는 적지 않은 교인이 오가는 중대형 교회의 담임 목사님으로, 항상 존경과 칭찬을 받는 분이다. 그럼에도 불구하고 목사님은 누군가 존경을 표하면 금세 얼굴이 빨갛게 변하면서 몹시 부끄러워하신다. 한없이 자신을 낮추는 그 모습을 보면서 '과연 나라면 저렇게 초지일관 겸손할 수 있을까?'란 생각을 하게 된다.

똑같이 존중을 받은 경우에도 어떤 사람은 거만해지고 어떤 사람은 더 겸손해진다. 과연 나라면 어떨까?

✧ 너와 나는 원래 다르다

[출처] http://blog.naver.com/012702a?Redirect=Log&logNo=20168535899

위의 그림에서 노부부가 먼저 보이는가, 기타를 치고 있는 남자가 먼저 보이는가? 보이는 그림은 같지만 그 그림을 해석하는 것은 개인마다 다르다. 왜 나는 기타 치는 사람을 먼저 보았는데, 너는 노부부를 먼저 보았냐고 따질 수는 없는 노릇이다.

 우리가 사는 세상도 마찬가지다. 우리는 자신의 가치관과 신념, 성장 과정에 따라 각기 다른 해석을 내릴 수 있다. 그러나 우리들은 쉽게 이런 말들을 내뱉는다.

"나라면 저러지 않을 거야."
"저라면 그렇게 말하지 않죠. 정말 이해할 수가 없네요."

상식, 이성, 지식, 교양에 있어 일정 수준 이상의 사람들만 상대한다면 얼마나 좋을까? 그렇다면 불통 때문에 직장을 그만두거나, 가정이 깨지거나, 관계로 인해 마음의 상처를 받거나 하지 않을 것이다. 모두가 소통할 수 있는 그런 세상이 올 수 있을까? 아마 교육열이 지금보다 몇 배 더 높아진다 하더라도 불통하는 세상은 여전할 것이다.

✧ 달라서 더 끌린다

위의 그림에서도 봤지만 사실 서로 다른 그림을 본다는 것은 상대와 나를 구별 짓는 하나의 요소가 된다. 다르기 때문에 대화가 필요하며, 다르기 때문에 새로운 아이디어와 시너지가 창조되는 것이다. 또한 다른 것은 상대를 끌어당기는 매력이자 힘이 될 수 있다.

필자와 아내는 달라도 너무 다르다. 우리 부부는 외형적인 모습부터 차이가 많이 난다. 나는 뼈가 굵고 열이 많은 반면, 아내는 호리호리한 체격에 몸이 차다. 그렇다면 성격은 어떨까? 나는 내성적이고 사람을 까다롭게 만나는 반면, 아내는 외향적이고 사람들을 만나는데 거리낌이 없다. 나는 시간이 날 때면 도서관에 가거나 카페에 앉아 조용히 책을 보는 것을 좋아하지만 아내는 사람들과의 관계 속에서 행복을 느끼는 것을 좋아한다. 이렇게 작은 것부터 큰 것까지 우리는 정말 다른 점이 많은 부부다. 그런데 어떻게 두 사람이 사랑에 빠지고 아이까지 낳게 되었을까. 그 이유는 간단하다. 우리는 다르기 때문이다. 나는 정반대의 그녀를 보고 사랑에 빠졌다. 내가 갖지 못한 것을 갖고 있는 그녀에게 본능적으로 끌렸다고나 할까.

나의 부족한 점을 채워주는 그녀가 있기에 나는 조금씩 성장하고 있다고 믿는다. 만약 나와 비슷한 성격에, 비슷한 사고를 하는 사람을 만났다면 나는 주변을 돌아보지 못하고 나의 주장만 내세우는 고집불통의 사람이 되었을 것이다. 하나님이 이런 나의 부족한 부분을 아시고 아내를 만나게 하셨음을 확신한다.

소통해야 할 상대가 나와 너무 달라 고민인가? 역설적이지만 거기에 소통의 키(key)가 있다. 우리는 본능적으로 나와 다른 사람에게 흥미를 느낀다. 그 다름을 이해하지 않고, 나의 방식으로 그 사람을 바꾸려 할 때 갈등이 생기고 미워하는 마음이 생긴다. 불통이 시작되는 것이다.

상대가 내가 너무 다르다면 그가 가지지 못 한 다른 모습으로 다가가라. 다르다는 것은 달리 표현하면 더 가까워질 여지가 많다는 얘기다. 다름이란 엄청난 힘을 가진 소통의 핵심이다.

◇ 세상을 움직이는 원동력은 '다름'

앞서 말했듯 서로 다르다는 이유만으로 불통이 되지는 않는다. 상대를 미워하는 나의 마음을 찬찬히 살펴보면, 그 미운 점이 내가 가진 단점일 때가 많다. 나의 단점이니 남들보다 훨씬 더 민감하게 반응하게 되고, 내 단점을 미워하는 것 이상으로 상대를 미워하게 되는 것이다. 상대가 싫은가. 사실 그것은 부끄러운 내 모습일 가능성이 크다.

'나라면~' 이라는 생각을 버리자. 오히려 '그 사람이라면~'이라는 생각을 해보자. '그 사람이라면, 그와 같은 생각을 갖고 있는 사람이라면 충분히 그럴 수도 있다.'라고 인정하고 받아들이는 것이 좋다.

인간은 자신을 변화시키려는 타인의 의도를 파악하는 순간, 변화하기를 꺼려한다. 오히려 그럴 수도 있다고 인정을 하며 긍휼한 마음으로 상대를 사랑하는 마음을 갖게 되면, 상대는 내가 원하는 것보다 훨씬 빠르게 변화한다. 놀랍지 않은가. 변화보다 상대를 인정하는 마음이 오히려 변화를 촉진시키는 촉매제 역할을 한 것이다.

주위에 나와는 너무나 다른 사람들이 있는가? 그들과 불통의 문제를 겪고 있는가? 그들이 내가 원하는 방향으로 변하길 원하는가?

그렇다면 역설적으로 그들을 인정하라. 모든 사람들은 자신을 인정해주는 사람을 위해 무엇이라도 하려는 마음이 생긴다. 자신을 인정해주고 지지해주는 사람에게 총부리를 겨누는 사람은 없다. 반대로 자신이 갖고 있는 능력과 의도를 파악하지 못하고 저평가하거나 그들의 의도를 묵살하는 시도들이 상대를 화나게 하고 관계를 소원하게 만든다. 인정하라! 그러면 변화한다.

 다름은 세상을 움직이는 원동력이다. 같은 그림을 다르게 해석하는 모습처럼 같은 환경, 같은 조건에서도 우리는 저마다의 생각과 가치관이 다르다. 가치관이 다르기 때문에 세상은 이렇게도 다양하며 풍족한 것이다.

 필자는 어려서부터 수학과 과학에 흥미가 없었다. 정확하게 말하자면 잘하지 못했기 때문에 흥미조차 가질 수 없었다. 하지만 내 옆의 짝꿍은 체육이나 국어시간에는 졸다가 수학시간만 되면 언제 그랬냐는 듯이 눈을 반짝이며 어려운 문제를 척척 풀어냈다. 그때는 그 아이가 좀처럼 이해되지 않았다. 어떻게 땀 흘리며 시원한 공기를 마시는 체육보다, 재미있는 책을 읽는 국어시간보다, 따분한 숫자와 씨름해야 하는 수학이 흥미로울 수 있을까? 내 눈엔 그 아이가 신기하게만 보였다.

 훗날 나는 어학 분야의 재능을 활용해 사람들의 커뮤니케이션을 돕는 컨설턴트가 되었고, 신기하게만 바라봤던 그때 그 친구는 유명한 외국계 회사의 수석 엔지니어가 되었다. 어느날 그는 나를 찾아와 도움을 요청했고, 나는 그의 프레젠테이션이 성공하도록 도움을 주었다.

 반대로 기계치인 나 역시 그 친구에게 큰 도움을 받은 적이 있다. 우리는 다르기에 소통할 수 있었고 서로를 위해 도움을 줄 수 있었다. 다름이 곧 서로가 든든해지는 배경이 된 것이다.

 모든 사람들은 '다른 사람들이 다 나와 같다면 얼마나 좋을까?'라는 생각을 한다. 그렇지만 모든 사람의 생각과 기준이 다 똑같아지면 어떻게 될까? 획일화 되고 개성이 없는 세상은 정말 재미없을 것이다. 다름은 세상이 지어진 근본 원리다. 타인이 나와 다르다고 해서, 나와 같은 생각을 갖지 않다고 해서 미워하거나 화내지 말자. 그 다름이 내게 절실하게 필요한 부분일 수 있으므로.

05

말의 위력을 인정하라

✧ 말이 인격이 되고, 인생이 된다

'I am blind.'라고 적힌 종이박스를 앞에 둔 맹인이 길거리에 앉아 있었다. 하지만 그 누구도 관심을 보이지 않고 지나쳤다. 그러던 중 어느 신사가 발걸음을 멈추고 종이박스에 적힌 문구를 지우고 다음의 글을 적어놓았다. 그러자 놀랍게도 많은 사람들이 그 앞에 동전을 던졌다.

'Spring is coming. but I can't see it.'

1920년대 미국에서 있었던 실화이며, 그 신사는 앙드레 불톤이라는 프랑스의 시인이다.

어떻게 이런 일이 일어난 것일까? 언어의 힘이란 우리가 상상하는 것 이상이다. 언어는 사고의 반영이고, 때론 나의 삶을 송두리째 바꿔주는 마법이다.

말을 단순한 단어의 조합, 문장의 조합으로 생각해서는 안 된다. 우리는 생각하는 대로 말하고, 말하는 대로 행동하게 되어 있다. 그러니 어떤 언어를 구사하느냐에 따라 그 사람의 가치관과 인격을 판단할 수 있다고 해도 과언이 아니다.

하버드 대학교에서 철학과 심리학을 가르쳤던 윌리엄 제임스(William James)는 이렇게 말했다.

> 생각을 조심하라. 왜냐하면 생각이 말이 되기 때문이다.
> 말을 조심하라. 왜냐하면 말이 행동이 되기 때문이다.
> 행동을 조심하라. 왜냐하면 행동이 습관이 되기 때문이다.
> 습관을 조심하라. 왜냐하면 습관이 인격이 되기 때문이다.
> 인격을 조심하라. 왜냐하면 인격이 인생이 되기 때문이다.

이 글은 한 사람의 언어가 얼마나 강력한 영향력을 미치는지 보여준다. 말이란 발화한 당사자에게도 영향을 미치지만 그것이 전달된 타인의 인생에도 커다란 영향력을 행사한다.

그렇다면 말의 영향력은 무엇일까? 언어적 영향력은 크게 2가지로 나눌 수 있다.

첫 번째는 직접적 영향이다.

우리가 메시지를 전달하면 상대방은 그것을 자신만의 언어로 소화시킨다. 좋은 음식을 먹어야 건강한 몸이 유지되는 것처럼 좋은 언어를 들어야 건강한 마음과 정신을 유지할 수 있다. 누군가에게 칭찬을 하면 칭찬의 언어가 그 사람의 귀로 들어가 각 신체기관과 영혼의 양식이 된다. 그런데 비난의 말이나 부정적 언어를 사용하면 말하는 사람뿐 아니라 듣는 사람의 영혼까지 오염된다. 만약 내 입에서 나온 말이 내 것에 머문다면 말조심을 할 필요가 없을 수도 있다. 하지만 내 말의 대상은 내가 아닌 타인이기에 다듬고 성찰하고 반성해야 하는 것이다.

두 번째는 간접적 영향이다.

우리는 상대를 직접적으로 비난하지 않고도 상대의 기분을 상하게 할 수 있다. 사실 직접적인 비난은 우려할 필요가 거의 없다. 주위의 이목과 사회적인 분위기 때문에 상대를 직접적인 언어로 비난하기는 어렵기 때문이다. 하지만 간접적인 언어는 스스로 인식하기가 어려워 나도 모르는 사이 상대에게 피해를 줄 수 있다. 그렇다면 여기서 말하는 간접적인 언어란 무엇일까?

"아이씨~"

"짜증나게 이게 뭐야."

"아, 젠장."

'당신이 싫다.'고 직접적으로 말하지는 않았지만 이 말을 들은 사람은 누구라도 불쾌한 감정을 갖게 될 것이다. 이처럼 어떤 공간에 부정적 언어를 사용하는 사람이 있다면 그 공간에 있는 모든 사람이 영향을 받게 된다.

어떤 이는 평소에는 온순하고 겸손하다가 운전만 하면 전혀 다른 사람이 되어 욕설을 해댄다. 함부로 끼어들거나, 매너 없이 운전하는 사람을 볼 때면 화가 치밀어 본인도 모르게 욕을 하는 것이다. 바로 옆에서 그 상황을 지켜보고 부정적 언어를 듣다 보면 안 좋은 영향을 받게 되는 것이 사실이다. 나는 될 수 있으면 그 사람이 운전하는 차에 타지 않도록 주의하는 편이다. 누군가가 내 마음의 맑은 연못에 돌을 던져 흙탕물을 일으키는 것이다. 대부분 그 범인은 언어이며, 아주 멀리서도 감지된다. 그래서 언어는 항상 조심스럽게 다뤄야 한다.

✧ 듣는 사람은 항상 뒤끝이 있다

우리 주변엔 평소에 온순하다가 다혈질로 변해 혈기를 부리는 사람들이 있다. 그들의 특징은 언어를 함부로 사용한다는 것이다. 대부분의 언어를 여과 없이 뱉어 상대에게 상처를 준다. 그리고 항상 이렇게 덧붙인다. "난 그래도 뒤끝은 없어." 과연 이것이 맞는 말일까?

말을 뱉은 화자는 뒤끝이 없을지 모르겠지만 그 말을 들은 사람은 뒤끝이 있다. 모진 말을 듣고 한두 달 동안 혼자 마음을 다스리느라 아파할 수도 있고 경우에 따라서는 평생 가는 상처가 되기도 한다. 즉 자신의 입장에선 뒤끝이 없지만 상대의 입장에선 분명 뒤끝이 있는 것이다. 언어는 나 자신이 사용하지만 결국 듣는 사람의 것이다. 그러니 청자의 입장에서 말을 하라. 그것이 바로 소통의 핵심이다.

◆ 소통은 인연을 만든다

소통은 한번 만난 사람을 또 만나고 싶게 하는 힘이다. 설득의 사전적 정의는 상대편이 자신의 이야기를 따르도록 여러 가지로 깨우쳐 말함이다. 반드시 어느 한 쪽의 무지를 전제로 한 것이다. 하지만 완벽한 설득이란 존재하지 않으며, 설령 성공한다 해도 조금씩 반감이 쌓이기 마련이다. 상대를 이기려고 하지 마라. 이기면 그 후에 꼭 지게 될 것이므로. 만약 상대에게 진다면 그 후에 꼭 이기게 될 것이다. 생각해보라. 우리도 자신을 계속 변화시키려 하거나, 다른 방향으로 가도록 설득하는 사람은 만나기 싫지 않은가. 즉 설득은 소통의 키워드가 되지 못한다.

대화의 최종 목적은 사실 관계 회복과 타협에 있다. 타인과의 커뮤니케이션을 통해 몰랐던 자아를 깨닫고 타인에 대한 이해가 높아져 무너졌던 감정을 회복하고 원만한 관계를 맺을 수 있게 된다. 이것이 바로 우리가 언어를 사용하는 목적이다. 상대를 현혹하는 말재간을 발휘해 내 이익을 취하는 것은 진정한 의미의 소통과 거리가 멀다. 소통이란 나와 상대의 언어가 평화적으로 교차하는 접점이다. 평행선을 달리는 언어에 소통이란 존재할 수 없다.

다들 세상이라는 스케치북에 저마다 그림을 그리려고 한다. 하지만 먼저 스케치북의 낙서를 지워야 하지 않을까? 낙서로 뒤범벅된 스케치북엔 아름다운 그림을 그릴 수 없다. 마찬가지로 소통이라는 그림도 불통이라는 낙서 위에는 그릴 수 없다. 소통을 하기 전에 불통부터 지워야 한다.

"긴장을 극복하라.
원하는 것을 얻을 것이다."

Chapter 3

성공하는 사람들의 스피치 시크릿

그들의 말엔
향기가 난다

◈ 소통을 막는 진짜 원인

얼마 전 모 대기업으로부터 보이스 트레이닝을 해달라는 강연 요청이 들어와 흔쾌히 수락하고 강연을 하게 되었다.

"여러분들의 입 냄새는 어떤가요?"

강연이 시작되기 전, 나는 교육생들에게 이 말을 던졌다. 모두들 그게 무슨 뜻이냐고 웅성거렸다. 나는 숨을 들이마시고, 다시 말을 이어갔다.

"저는 보이스 트레이닝을 하러 여기에 왔습니다. 그렇다면 여러분은 목소리만 좋으면 소통의 문제가 모두 해결될 거라고 생각하시나요?"

강연장에는 일순 정적이 맴돌았다. 우리가 흔히 생각하는 '말 잘하는 사람'은 대개 MC, 아나운서, 리포터, 프레젠테이션의 달인, 정치인 등이다. 이런 직업을 가진 사람들은 말을 조리있고 유창하게 하는 능력을 갖추었고, 이 능력으로 돈을 버는 뛰어난 전문가들이다.

우리는 말을 잘하고 싶긴 하지만, 대중 앞에 나서서 말로 벌어먹고 살 만큼의 전문가가 되기를 원하는 것은 아니다. 우리는 아나운서의 언어가 아닌, 실제 생활 속 언어에 관심을 가져야 한다. 불통의 원인은 목소리가 이상해서도 아니고, 발음이 명확하지 않아서도 아니고, 사투리 때문도 아니다.

"네 발음이 너무 불분명해서 화가 나."
"네 사투리 억양이 짜증나서 더 이상 못 만나겠어."
"네 목소리가 듣기 싫어서 대화가 안 돼."

지금껏 스피치 컨설턴트로서 많은 사람들을 만나고 그들의 소통 문제에 대해 깊은 대화를 나누었지만, 이런 말은 단 한 번도 들은 적이 없다. 발음이나 억양, 목소리 때문에 불통하는 일은 없다는 것이다.

◇ 좋은 목소리로 불통하는 사람

내가 아는 한 선배가 있다. 그분은 목소리도 중후하고 인상도 호감형이다. 하지만 주변 사람들, 특히 그를 조금 안다는 후배들은 그를 그렇게 존경하거나 좋아하지 않는다. 오히려 약간 꺼린다고 할까? 조금만 깊이 알게 되면 곧바로 그에게서 멀어져 가는 것이다.

이유인즉 그는 불통에 가까운 언어를 쓴다. 평소 모든 말을 반말로 일관하는 습관이 있다. 특히 상대방이 손아랫사람이라는 것을 확인하면 동의를 구하기도 전에 반말을 하는 것이다.

"기호야. 야, 네가 아직 어려서 잘 모르나 본데."
"야, 탁자 위에 저것 좀 갖고 와."

나이가 조금 많다는 것을 권력으로 삼아 상대방에게 하대하는 이 선배는 반말 속에 이러한 메시지를 담는다. '내가 인생 선배이니 너보다 아는 게 많아. 그러니 넌 내 말을 들어야 해.' 듣는 입장에서는 무시 당한다는 생각에 슬슬 화가 나기 마련이다. 아무리 후배일지라도 존중받고 싶은 욕구가 있는데, 나이가 어리다는 이유 하나만으로 무시하니 다시 얼굴을 보고 싶지 않은 것이다.

한번은 식당에서 선배가 그의 아내와 통화하는 것을 우연히 듣게 되었다.

"당신. 내가 틀린 말 했어? 사실만 얘기했잖아! 왜 당신이 기분 나쁜 건데?"

선배의 아내는 자신이 기분 나빴던 이유를 계속 설명하고 있었다. 하지만 선배는 '당신이 절대 기분 나쁠 이유가 없다.' '분명 사실만 얘기했는데 왜 기분 나쁘냐.'고 평행선의 대화를 이어갔다. 말다툼을 할 때도 그의 목소리는 중저음의 듣기 좋은 목소리였다.

✧말의 2가지 기능을 구분하라

선배와 그의 아내는 왜 아무도 승리하지 못하는 싸움을 이어갔을까? 화해하거나 애초에 싸우지 않을 수는 없었던 걸까? 주변을 보면 많은 커플이 선배 부부처럼 의미 없는 싸움을 계속한다. 많은 사람들이 말의 2가지 기능을 구분하지 못하기 때문이다.

말에는 첫째 말 그 자체, 정보와 의견을 전달하는 콘텐츠(Contents)의 기능이 있다. 둘째는 관계(Reltionship)의 기능이다.
남녀관계에서의 말다툼은 콘텐츠가 상호충돌 할 때가 아니라, 오히려

이 싸움의 배경이 콘텐츠인지 관계인지 인식하지 못할 때 발생한다. 쉽게 말해 이 싸움이 말하는 내용(사실)의 충돌 때문에 시작된 것인지, 말하는 방법(말투) 때문에 시작된 건지 서로 다르게 생각한다는 것이다.

사실을 말했는데 왜 기분 나쁘냐는 선배의 말은 틀린 말이다. 완벽하게 참인 사실을 말하더라도 타인의 기분을 상하게 할 수 있다. 예컨대 남편이 아내에게, "당신 3kg 쪘어, 맞지? 턱살이 잡히잖아."라고 했을 때 아내는 그것이 사실이라 하더라도 기분이 나빠진다. 또 아내가 남편에게 "당신 연봉이 5년째 오르지 않고 있네, 나이는 들어가는데."라고 말하면 그 역시 남편의 기분을 상하게 할 것이다. 너도 알고 나도 아는 사실이라 해도 관계에 있어 이런 대화법은 명백한 실패작이다.

선배 부부의 말다툼 역시 마찬가지였을 것이다. 선배는 '사실'을 말했지만 그 말투가 형수님에게 상처를 주었을 것이다. 그 상황에서 선배가 아무리 "내 말이 옳잖아. 당신이 잘못했잖아."라고 '사실'을 강조해도 형수님의 기분이 나아질 리 없다.

내가 그 경우에 처했다면, 말의 '관계적 기능'에 집중해서 이렇게 말하고 화해를 청했을 것 이다.

"당신이 화내는 이유를 알겠어. 당신이 계속 이야기하는 것이 잘잘못을 따지자는 것이 아니라 위로 받기 위해서란 걸 이제야 깨달았어. 앞으론 당신이 말하는 걸 귀담아들을게. 그리고 내 의견을 말할 때도 부드럽게 하도록 노력할게. 미안해. 내가 당신 사랑하는 거 알지?"

✧목소리는 화장, 메시지는 내면이다

선배 부부의 에피소드를 볼 때, 우리가 평소 불통하는 이유가 목소리의 높낮음, 혹은 공명이 부족한 표현방식 때문이라고 할 수 있을까? 물론 아니다. 우리가 불통하는 진짜 이유는 불통의 언어가 제거되지 않아서이고, 불통하는 습관 때문이다. 그래서 상대에게 상처가 되는 말을 아무렇지 않게 내뱉게 된다.

"여러분은 목소리만 좋으면 소통의 문제가 모두 해결될 거라고 생각하시나요?"

목소리 발성법을 가르치는 수업에서, 도리어 이런 질문을 던졌다. 발성법보다 더 중요한 것이 있다고 생각했기 때문이다. 나는 다시 말을 이었다.

"저는 전문 보이스 컨설턴트로 여러분들의 목소리 개선을 위해 이 자리에 왔습니다. 물론 저만의 트레이닝 방식을 알려드릴 예정입니다. 훈련을 통해 저처럼 중음대의 안정적인 목소리도 가질 수 있습니다. 멋진 목소리를 갖는 건 얼마든지 가능합니다. 철저히 도와드리죠. 뮤지컬과 연극, 성악과 실용음악 보컬 등을 두루 배우면서 어느 누구보다 목소리에 대한 메커니즘을 잘 이해하고 있다고 자부하고 도움을 드릴 수 있습니다. 하지만 여러분, 목소리 훈련을 왜 하시나요? 혹시 소통을 멋지게 하는 데 도움을 받고자 하는 건 아닌가요?

우리가 간과해서는 안 되는 것이 바로 말의 향기입니다. 목소리와 표준어의 사용법이 화장법이라면 그 안에 있는 메시지는 그 사람의 인격입니다. 저는 아름다운 외모를 지닌 여성분들을 많이 보았습니다. 하지만 그들의 말은 천차만별이었죠. 아무리 아름답고 매력적인 여성이라 할지라도 말의 향기가 좋지 않다면 저는 그 사람을 아름다운 사람이라 하지 않습니다. 그냥 얼굴이 예쁜 사람일 뿐이죠. 심리학자 할 어반은 이런 말을 했다죠. 천사와 악마의 차이는 외모가 아니라 그가 하는 말이라고요. 여러분, 지금 생각해보세요. 당신의 입 냄새는 어떻습니까?"

우리는 화장을 잘하는 여성을 원하지 않는다. 그 사람에게 호감이 가고 그 사람을 알고 싶다는 느끼는 순간은 외모에 매료되는 때가 아니라 상대방을 배려하는 따뜻하고 긍정적인 언어를 들을 때이다.

밖에서는 인정받지만, 가족과 지인에게는 좋은 평가를 받지 못하는 사람이 있다. 사회적으로는 성공한 모습, 신사적이고 예의 바른 이미지를 유지하지만 가까운 사람들에겐 불화와 불통의 이미지로 비춰지는 사람들이 많다. 그런 사람들의 특징은 안과 밖의 언어습관이 다르다는 것이고, 공적 자리에서의 스피치만큼 사적 영역의 스피치에 노력을 기울이지 않는다는 것이다.

다시 말하지만 화장법이 중요한 것이 아니다. 좀 못난 얼굴이면 어떤

가? 그가 하는 말이 아름답다면 부족한 외모가 오히려 더 개성 있고 매력적으로 다가올 것이다.

◈ 내 편을 만드는 긍정적 언어

소통에 있어 배울 점이 아주 많은 여성을 한 분 알고 있다. 그녀의 휴대폰엔 항상 주변 사람들의 메시지가 넘친다.

> 언니, 보고 싶어요!
> 제가 찾아갈게요. 맛있는 것 뭐 드시고 싶어요?
> 언니한테 할 얘기가 너무 많아요. 빨리 얘기하고 싶어요!
> 뭐 필요한 거 있으면 말해. 내가 사 갈게.

왜 다들 그녀와 만나고 싶어 할까? 그녀는 말하기의 법칙을 알고 있었다. 먼저 그녀는 상대방의 말을 경청하고 그의 말에 적극적 태도를 취한다. 고개를 끄덕이고, 눈을 마주치고, 흐뭇한 표정을 짓는 것이다.

여기까지는 누구나 아는 것처럼 쉽다. 하지만 중요한 것, 우리가 실천하기 어려운 것은 그 다음이다. 그녀는 자신과 다르다고 해서 혹은 잘못된 가치관을 가지고 있다고 해서 그 즉시 반박하지 않는다. 오히려 그 마음을 헤아리며 "아, 그럴 수도 있겠구나."라며 받아들인다. 그녀는 항상 향기가 나는 긍정적 언어를 사용한다.

직접 화법으로 정면 대결하는 방식이 아니라, 자신의 향기로 타인의 잘못을 감싸는 방식을 쓰는 것이다. 검은 색에 흰 색을 덮으면, 검은 색은 점차 희석되다가 시간이 지나면 흰 색에 가까워진다. 그녀의 말에서 풍겨 나오는 좋은 향기 때문에 함께 있고 싶다는 열망을 느끼게 된다. 언어에서 뿜어 나오는 강력한 향기는, 그 어떤 비싼 향수와도 비교되지 않는다.

내가 가족과 불통하는 이유, 고객이 화를 내는 이유, 프레젠테이션 생각만 하면 가슴이 턱 막히는 이유, 회의할 때마다 미묘하게 감정이 다치는 이유……, 우리가 향기롭지 않은 말을 하고 있어서는 아닐까? 내 안에 긍정적 언어가 아닌 부정적 비판의 언어가 꽉 들어차서가 아닐까?

나는 나에게, 그리고 당신에게 묻는다.

"당신의 입 냄새는 어떤가요?"

한번 들으면 잊지 못할
그들의 자기소개 스피치

❖ **나를 잘 모르는 20대, 나를 소개하지 못하는 60대**

"자, 그럼 이번 시간은 처음 오신 분들이 많은 관계로 한 분씩 자기소개를 하도록 하겠습니다. 이쪽 줄부터 한마디씩 해주세요."

　사회자가 그 말을 하는 순간, 갑자기 정적이 흘렀다. 대부분의 사람들이 먼저 나서려고 하지 않았다. 일일이 모든 사람들과 악수하고 명함을 주고받을 수는 없기 때문에 자기소개 스피치를 하는 것은 당연한 일이다. 하지만 대부분 그 순간에 직면하면 머리가 하얘지고, 몸이 굳어져 아무 말도 하지 못한다. 손은 어떻게 해야 할지, 시선은 어디 둬야 할지 몰라 허둥댄다. 그곳에 모인 사람들은 가능하면 최대한 늦게 발표하고 싶은 표정들이었다.

누군가가 총대를 메고 제일 처음 마이크를 잡았다.

"에~ 저는 경남 마산에서 올라왔고요, 3남 1녀 중 장남이올시다. 저희 딸이 이번에 공무원이 돼서 왔씨요. 음…… 뭐랄까…… 그리고…… 전 지금 현재 가구유통업을 하고 있습니다. 반갑습니다."

처음이라 눈길이 가긴 했지만 특별히 인상에 남는 말은 없었다. 두 번째 사람에겐 기대를 해볼 수 있을까?

"이렇게 긴장되고 떨리는 자리는 처음입니다. 제가 사실 무대공포증이 있어서, 말을 잘 못 하는데 어쨌든 사회자께서 나오라고 하시니 나오긴 나왔는데……"

두 번째 여성분은 본인을 소개하라고 했더니 자신이 지금 얼마나 떨고 있는지를 1분 넘게 중계방송 하고 있었다. 처음에는 사람들이 관심을 갖다가 점차 짜증이 나는지 휴대폰을 보고 잡담을 하기 시작했다.
다음 세 번째 남자도 마찬가지였다. 여섯 번째, 열한 번째, 스무 번째…… 결국 참석한 50명의 자기소개 시간은 공포의 시간인 동시에 지루하고 따분한 시간이 되었다. 자신을 드러내고 알리는 것은 자기소개의 기본인데 그 어느 누구도 자신을 효과적으로 어필한 것 같지 않았다. 50명 중 기억나는 사람은 3명도 채 되지 않았다. 나머지는 상투적이고 의미 없는 단어들의 지루한 반복 재생이었다.

우리는 왜 이렇게 자기소개를 못할까? 살아가며 수백 번은 해봤을 자기소개가 왜 할 때마다 이리 어려운 걸까? 자기소개를 할 대상인 '나' 자신을 잘 모르기 때문은 아닐까?

20대는 자신을 모를 수 있다. 이제 정체성에 대한 고민을 한 번쯤 해봐야 할 것이다. 평소에 자신이 뭘 잘하는지, 무엇에 가치를 두고 있는지 신경 쓰지 않다가, 취업을 준비할 때 즈음 자기소개서를 쓰는 과정에서 자신을 돌아보게 된다. 그 자기소개서 역시 대개 천편일률적이기는 하지만 어쨌든 자신에 대해 숙고할 시간을 갖는 것이다.

그렇다면 나이 드신 분들은 자기소개를 잘할까? 오랜 경험과 연륜이 묻어나는 50~60대의 기업체 임원들도, 탁월한 경영 능력과 인간관계를 갖고 있다는 CEO 분들도 정작 자신을 소개하라고 하면 고민하는 기색이 역력하다.

◇ 해부하듯 자신을 파헤쳐라

어째서 우리는 수십 년을 함께한 우리 자신을 제대로 알지 못하는 걸까?

자신을 탐색하는 습관이 없기 때문이다. 평소 나의 관점과 가치관은 무엇인지, 내가 무엇을 원하는지 등 나에 대해 철저히 해부해야 한다. 그러기 위해서는 홀로 사색하는 시간이 필요하다.

우리는 보통 자신의 주변을 돌아보는 데 대부분의 시간을 할애한다. 정작 나 자신은 돌아보지 않는 것이다. 내가 어떤 사람인지 내가 뭘 좋아하는지에 대한 성실하고 꾸준한 고찰보다는 주위의 시선이나 주변의 기대에 부응하기 위한 삶을 살아간다. 이제는 홀로 있는 시간, 고독한 성찰의 시간을 가져야 할 때이다. 자기성찰을 위해서는 여행이나 독서 등의 방법이 있지만, 실생활에서 할 수 있는 아주 간단한 방법을 소개해보겠다.

카페에 혼자 앉아 자신의 생각을 글로 쓰는 연습을 하는 것이다. 주제는 어떤 것이든 상관없다. 내가 가지고 있는 생각의 파편들을 활자화시켜서 정리하다 보면 다양한 조각들이 맞춰져 하나의 그림이 완성될 것이다. 어떤 주제의 질문에도 망설이지 않고 자신의 의견을 발표할 수 있는 토대를 마련하는 것이다. 이는 자신을 돌아보는 소중한 계기가 된다.

어떤 질문을 던졌을 때 자신감 있게 발표하지 못하는 태도도 문제지만, 정확히 자신의 생각과 느낌이 어떤 것인지 모르는 사람이 많다는 것이 더 문제다. 이는 주변의 의견을 아무런 비판적 사고 없이 수용해 버렸기 때문이다.

작년 한 대학교에서 강의를 했는데, 강의 후 한 학생이 다가와 질문을 던졌다.

"선생님, 저는 남들과 원활한 소통을 하기가 힘들어요. 친구들하고 문제가 발생할 때 어떻게 말해야 하고 어떤 행동을 해야 할지 모르겠어요. 사과하거나 화해하는 방법도 모르겠고요."

나는 이런 문제가 있는 학생들에게 '남들과 원활한 관계'를 갖기 위해서는 '나와의 원활한 관계'를 먼저 가지라고 말한다. 인기 있는 사람들의 공통점은 자신에 대한 높은 자존감과 '명확한 가치관'임을 알 수 있다. 자신이 무슨 생각을 하고 어떤 감정을 느끼는지, 어떤 의견을 갖고 있는지 탐구하다 보면 나만의 '말'을 갖게 되고, 나를 알릴 수 있는 나만의 '특징들'을 발견하게 된다. 타인에게 어떤 말을 해야 할지는 자연스럽게 알게 되는 것이다. 자기탐색이 잘 되어 있는 사람이라면 자기소개를 두려워할 필요가 없다. 할 말이 넘칠 것이므로.

✧ 최악의 자기소개 스피치 3대 유형

강의 중간에 "자기소개의 궁극적 목적은 무엇일까?"라는 질문을 했더니 여러 가지 의견이 나왔다. 그런데 자기소개의 목적은 말 그대로 '자기소개'이다. 많은 사람들 가운데 자신을 기억나게 하는 방법이란 뜻이다. 나는 다음 질문을 던졌다.

"오늘 이 자리에 50분의 선생님들이 오셔서 자기소개를 하셨습니다. 기억나는 분이 몇 분이나 되시나요? 기억나는 분들의 이름을 적어보세요."

대부분의 수강생들이 한두 사람을 겨우 적었다.

"대부분 열 분을 채우지 못하셨어요. 자신을 드러낼 만한 '키워드'를 표현한 분이 없었다는 뜻이고요. 쉽게 말해 거의 천편일률적인 말씀들만 하셨다는 뜻입니다. 그렇다면 어떤 말을 해야 할까요? 아니, 저는 불통 전문가니까 어떤 말을 '안' 하는 것이 좋을지 말씀드리겠습니다."

① 무대 울렁증 중계형

자기소개를 하는 모습을 관찰해보면, 대부분의 사람들이 무대 위에서 말하는 연습이 부족하다는 것을 알 수 있다. 커피숍에 친구들이랑 앉아서 수다 떠는 건 자신 있는데, 당당하게 서서 말하는 것이 익숙하지 않은 탓이다. 우리나라는 이미 지식사회가 되었고, 중요한 순간마다 당신의 스피치는 힘을 발휘하게 될 것이다. 기업체 면접이 그렇고, 계약을 따내기 위한 프레젠테이션이 그렇다. 최근 '서서 말하기'에 대한 관심이 높아지는 이유가 바로 이 때문이다.

자기소개를 할 때 가장 많이 하는 스피치는 바로 이것이다.

"제가 사실 친구들 앞에서는 진짜 말을 잘하는 데요. 이렇게 나오니까 쑥스럽네요. 제가 잘 못 하더라도 이해해주시고요. 아이쿠. 어떡하지 …… 헤헤."

자신의 스피치 능력 부족에 대한 이해를 바라는 것이다. 하지만 생각해보자. 만일 무대에 나온 가수가 계속 음정이 틀리거나 울먹거린다면 어떨까? 그리고 그 가수가 이렇게 말한다면?

"제가 사실 친구들 앞에서 노래할 때는 괜찮은데, 오늘 목 상태가 좋지 않네요. 잘 못하더라도 이해해주세요. 헤헤."

아마 많은 사람들이 프로답지 못하다며 그를 비난할 것이다. 자신의 시간 중 고작 3분을 할애한 가수에게는 엄격한 잣대를 들이밀면서, 50명이 자기소개를 하느라 한 시간 이상을 할애했는데도 너그럽게 넘어가는 것이다.

EBS의 한 다큐멘터리에서 흥미로운 실험결과를 내놓았다. 두 교수가 처음 학기 강의를 시작하며 인사말을 했다. 인사말을 들은 후, 학생들은 두 교수의 강의 중 하나를 선택했다.

첫 번째 교수는 학문에 대한 자신감을 드러내며 여기 있는 학생들이 자신의 수업을 듣는 것은 엄청난 행운이라고 권위를 드러냈다. 학생들의 표정은 썩 좋지 않았다.

두 번째 교수는 정반대의 스피치를 했다. 자신은 교육이라고 하기보다는 학생들과 함께 토론하고 연구하는 입장이며, 이번 과목을 맡게 되어 떨리고 긴장되며 굉장한 영광이라고 생각한다고 말했다. 학생들의 표정은 호의적이었다.

결과는 어찌 나왔을까? 여러분의 예상과는 달리 많은 학생들이 첫 번째 교수의 강의를 선택했다. 비록 호감도는 떨어지지만 프로다운 모습에 끌린 것이다. 두 번째 교수는 호감도는 좋았던 반면 스피커의 공신력이 떨어져 선택 받지 못한 것이다.

"저 부끄럽지만~"이라고 말하는 모습은 그 사람을 연민의 감정으로 바라보게 한다. 결국 성공한 스피치라고 보기 어려운 것이다. 자기소개의 경우 처음 보는 상황에서 이루어지기 때문에 화자의 호감보다는 공신력이 훨씬 중요하다. 믿을만한 사람이라는 첫 인상을 주는 것이 중요하다.

나는 지루한 자기소개를 마친 50명의 수강생들에게 이렇게 말했다.

"여러분. 프로와 아마추어의 차이는 무엇일까요? 저는 매일 강의를 하는 것을 직업으로 삼고 있습니다. 매번 무대에 서서 많은 사람들 앞에서 말을 해야 합니다. 매일 그런 삶을 사는 저는 강연장에서 떨지 않을까요? 아니요. 절대 그렇지 않습니다. 저 역시 긴장합니다. 매번 긴장하고 떱니다. 전날 잠을 못 이루기도 합니다. 하지만 강연장에 들어서는 순간, 저는 달라집니다. 긴장감을 이기기 위해 노력합니다. 프로와 아마추어의 차이란 바로 여기, 이 순간의 무대를 어떻게 극복하느냐의 차이입니다."

② 관심 없는 사생활 정보형

자기 말만 하는 사람들은 어떤 문제를 갖고 있을까? 말이 많다는 '양'의 문제로 생각하기 쉬우나 사실은 콘텐츠의 '질'의 문제이다. 그 콘텐츠가 나에게 어떤 의미도 주지 못할 때 우리는 '진짜 말이 많다.'고 생각하게 된다. 재미있는 강의를 들어보면 2~3시간이 마치 20~30분처럼 느껴지는 경험을 했을 것이다.

이런 식으로 자기소개를 하는 사람들이 있다.

"저는 불광역 3번 출구에서 조금 올라가서 있는 OO바게트 윗 층에 살고요."

"저희 어머니는 지금 가정주부로 계시고요. 저희 누나는 현재 아현동에 살고 있습니다."

자기소개를 할 때 스피커는 상대가 원하는 니즈(Needs)가 무엇인지 고민해야 한다. 대부분의 사람들은 그 사람이 어떤 사람인지, 어떤 일을 하는지, 어떤 가치관을 갖고 있는지 궁금해 한다. 그 사람의 시시콜콜한 주변 정보엔 관심이 없다. 자기소개를 하며 옆집에 사는 이웃 얘기를 꺼냈던 당신이라면 반성해야 한다. 사람들이 내게 궁금해 할 것을 최소한의 시간 동안 재미있게 표현하는 연습을 해보자.

③ 상투적인 인사 남발형

"네, 안녕하세요. 다들 오시느라 수고 많으셨습니다. 아침식사는 하셨나요? 만나서 반갑고요. 이번에 이렇게 여러분들을 뵙게 되니 정말 좋습니다. 이번에 오신 분들 중에 인상 좋은 분들이 많네요. 잘 부탁드립니다."

자기소개는 안 하고 인사만 길게 하는 사람에겐 두 가지 심리적인 배경이 있다. 첫 번째, 긴장감 해소다. 본론에 앞서 무대에 익숙해지려고 일부로 인사말을 길게 하는 것이다. 이것은 철저히 청자 중심이 아닌 화자 중심의 스피치다.

두 번째, 말을 준비할 시간을 버는 것이다. 스피치를 곧바로 시작할 콘텐츠가 없는 상태이기 때문에 자신의 임기응변에 의존하게 된다. 결국 말을 하면서 다음 말을 준비하게 되는데, 긴 인사는 그 시간을 벌어주는 역할을 하는 것이다.

✧ 자기소개 4대 기본원칙

자기소개의 목적은 상대방에게 자기 자신을 기억시키는 것이다. 이미 앞선 발표자들이 말했던 단어들의 상투적 반복은 청자들을 피곤하게 할

뿐 아니라 그 본래의 목적과도 거리가 먼 '그저 성의 없는 스피치'로 기억되기 쉽다. 그렇다면 어떻게 해야 짧은 시간 동안 자신을 드러낼 수 있을까. 자기소개의 기본 원칙 4가지만 숙지하면 된다. 이름, 직업, 모임에 맞는 인사말, 자신만의 키워드다. 예시를 통해 살펴보자.

① 흔한 이름은 없다

현재 국내 최고의 테너로 활동하고 계시는 서울종합예술전문학교 하만택 교수님은 자신을 소개할 때 항상 이렇게 말씀하신다.

"안녕하세요. 하나님이 만민 중에 택한 백성, 하만택 교수입니다."

짧은 문장으로 별로 특별하지 않은 이름에 생기를 불어넣은 것이다. 물론 종교적 색채가 드러나는 표현이긴 하지만, 이 역시 본인을 어필하는 데 역할을 하고 있다. 자신의 종교를 드러냄으로써 자신의 신념을 표현하고자 했다면 오히려 성공이다.

"저는 김치처럼 이익과 기쁨을 드리는 훈훈한 남자, 김기훈입니다."

우리나라에 김기훈이라는 이름을 가진 사람은 아주 많을 것이다. 하지만 50여 명의 발표자 중 가장 인상적이었던 분은 김기훈이라는 평범한 이름을 가진 그 분이었다.

그냥 흘려버릴 수 있는 이름에 자신과 관련된 색깔을 입히면 큰 효과를 발휘할 수 있다. 하지만 "제 이름은 범 호에 수풀 림을 써서 호림입니다."와 같은 상투적인 한자 풀이만은 피하자.

이름의 한자 풀이는 자신에게만 의미 있는 얘기일 뿐이지 상대방이 관심을 가질 만한 내용이 아니다. 그런데 많은 분들이 이런 실수를 한다. 그럼에도 불구하고 자신의 이름을 풀이하고 싶다면, 차라리 의미를 부여해 말하는 것은 어떨까?

"제 이름은 범 호, 수풀 림 자를 써서 호림, 영어로 하면 Tiger woods 입니다. 세계 제일의 골프선수 타이거 우즈처럼, 스피치 컨설팅 계의 타이거 우즈가 되겠습니다."

② 직업은 나를 보여준다

자기소개에서 자신의 정체성을 드러낼 수 있는 가장 효과적인 방법은 직업이다. 자신이 하고 있는 일을 통해 충분히 신분과 정체성을 알릴 수 있는데, 언제 얘기했는지도 모르게 살짝만 언급하고 넘기는 경우가 많다. 반대로 자신의 직업에 너무 빠진 나머지, 직업 얘기로 자기소개를 다 채우는 경우도 있다. 둘 다 좋은 스피치라 볼 수 없다.

단순히 자신의 직업을 말하기보다, 직업과 관련된 에피소드를 이야기해주면 그 직업에 대해 기억하기 쉬울 것이다. 특히 직업과 자신의 외모, 복장 등을 연결시키면 청중에게 더 강렬한 기억을 남길 수 있다.

"제 외모를 보시면 무엇이 떠오르시나요? 혹시 짤막한 몽당연필 같지는 않습니까? 팔은 이곳저곳 멍들고 굳은살에 손가락도 참 짧은 못난 사람입니다. 젊었을 땐 안 그랬습니다. 왜 이렇게 되었냐고요? 저는 반평생을 나무와 살았기 때문입니다. 지금은 가구회사를 경영하지만 오늘도 톱을 들고 나무토막과 씨름을 하다가 이 자리에 오게 됐습니다. 저는 그게 제일 재밌기 때문이죠. 어떤가요? 제 손이 예쁘고 싶어도 예뻐질 수 없지 않겠습니까?"

또 자신이 하는 일의 정확한 실체를 알려주고, 잘못된 편견을 깰 수도 있다. 잘 알려지지 않은 생소한 직업이라면 비유나 스토리를 동원해 청자들의 호기심을 불러일으킬 수 있을 것이다. 익숙한 직업이라면 사람들에게 알려지지 않은 속사정을 흥미롭게 풀어놓으면 된다. 만약 사람들이 편견을 가진 직업이라면 그 정확한 정보를 제공하고 그 직업이 사회에 기여하는 바를 설명해 청자들의 관심을 끌 수 있다.

"여러분, 산업 강사라는 직업에 대해 들어보셨나요? 전국을 돌며 사람들에게 강의를 하는 일이랍니다. 몇 시간만 강연하면 일반 직장인들이 며칠 일해야 받는 돈을 벌고, 전국 각지를 돌아다니며 여행도 하고, 참 좋은 직업이라고 생각하시나요? 아니요. 절대 그렇지 않습니다. 매번 롤러코스터의 출발 전 긴장감을 갖고 살아야 하고, 콘텐츠를 채우기 위해 주말도 없이 공부해야 되고, 세미나나 각종 강연을 찾아다니느라 돈도 많이 씁니다. 그렇지 않으면 도태되니까요. 직장인들에 비해 시간당 수입이 높으니 참 좋겠다고요? 2시간짜리 강의를 만들기 위해 200시간을 책상 앞에 앉아 있답니다.

하지만 저는 행복합니다. 저의 지식 콘텐츠로 누군가가 조금이라도 변화할 수 있다면, 그것만으로도 참 의미 있는 일이니까요. 저는 그 의미 있는 일을 하고 있는 강사, 천호림입니다."

내 직업이 평범하거나 사람들에게 많이 알려진 직업이라 할 말이 없다는 것은 핑계다. 같은 일이라도 나는 어떤 마음가짐으로 어떻게 하고 있는지 얘기한다면 특별한 개성이 부여되기 때문이다. 비유적인 표현으로 직업적 소신을 얘기하는 것도 좋은 방법이다. 나는 모임에 가면 종종 이렇게 말한다.

"'꿀벌은 물을 마셔 꿀을 만들고, 뱀은 물을 마셔 독을 만든다.'는 영국 속담이 있습니다. 이렇듯 같은 상황, 같은 조건에서도 주체가 누구냐에 따라 전혀 다른 결과물을 만들어냅니다. 저는 여러분들에게 꿀처럼 달콤하고 유익한 강의를 하는 벌 같은 강사가 되겠습니다. 감사합니다."

③ 모임에 맞는 인사말

우리는 보통 어떤 모임에 참석했을 때 자기소개를 하게 된다. 그 모임이 전문 학술 세미나일 수도 있고, 오랜만에 만난 동창생들의 친목 모임일 수도 있다. 바자회나 선교 등 구체적 목적을 띤 모임, 자전거와 와인 같은 취미를 공유하는 동호회 모임일 수도 있다. 평소에 준비한 자기소개 스피치(이름과 직업, 자신만의 키워드)가 있다면 긴장하거나 진땀 뺄 필요가 없다. 대신 모임의 성격에 맞게 스피치를 살짝 바꾸면 된다.

예를 들면 자전거 동호회 모임 후의 회식이라면 이런 스피치가 어울릴 것이다.

"저는 이번에 회사 근처로 이사하면서 유지비도 많이 들고 자주 똥배도 나오게 만드는 자가용 출퇴근을 청산하기 위해 50만 원대의 초보용 자전거를 구입했습니다. 3주 정도 자전거로 출퇴근 했는데 체중이 벌써 3kg이나 빠져 자전거의 매력에 흠뻑 빠졌습니다. 여기 와보니 자전거 선배님들이 많이 계시네요. 함께 국토 종단하는 그날까지 '뚱뚱이 초보 라이더' 잘 가르쳐주세요. 감사합니다!"

반대로, 생뚱맞게 자전거 모임에서 이런 이야기를 한다고 가정해보자.

"이번 대선 주자들이 참 맘에 안 듭니다. 이 나라 정치인들 싹 물갈이 해야 돼요!"
"FTA가 어떤 단어들의 약자인지 아십니까?"
"어제 뉴스 보니까 내년엔 공휴일을 더 늘린다네요. 중소기업 사장들에게 정말 치명탑니다!"

'설마 이런 스피치를 하는 사람들이 있을까?'라고 생각할 것이다. 하지만 의외로 많은 사람들이 자신이 오늘 겪은 이야기나 최근 자신의 화두를 늘어놓는다. 또한 정리가 되어 있지 않은 '무원고 상태'이다 보니, 중언부언하며 시간이 한없이 늘어지게 된다. 자신을 드러낸다는 스피치의 목적은 사라지고, 사회자나 무언의 분위기에 떠밀려 스피치를 끝내게 되는 것이다.

자기소개 스피치는 다수의 시간을 독점하는 행위다. 그러니 자신이 하고 싶은 말이 아닌 타자, 혹은 모임 중심의 스피치를 전개해야 한다. 그렇지 않다면 자기소개 후 명함을 교환하며 친해지고 싶은 마음이 들기는커녕, 슬금슬금 피하고 싶어질 것이다. 자기소개를 하려면 다수의 청자들이 무엇을 궁금해 하는지, 공통의 관심사는 무엇인지 먼저 파악하자. 모임에서의 목적과 성격에 맞게 유연하게 스피치의 내용을 조절하는 것이 자기소개의 기본이다.

④ 자신만의 키워드

자기소개의 핵심은 자신만의 키워드다. 단순히 나의 성격과 혈액형, 내가 살아온 과정을 이야기하는 것처럼 지루한 스피치는 없다. 마치 뻑뻑한 빵을 씹는 것처럼 상대에게 건조하게 다가갈 뿐이다.

사람들의 기억에 남는 멋진 자기소개를 하고 싶다면 자신의 삶의 색깔과 어울리는 키워드를 만들어보자.

작년 초 내가 강의하는 한 아카데미에서 50대 후반의 한 남성 교육생을 만났다. 그 분은 자기소개를 하면서 자신의 삶을 '자전거'에 비유했다. 꽤 오랜 시간이 지났지만 아직도 그 분이 선명하게 기억나는 이유는 바로 적절한 비유를 통해 자신의 삶을 효과적으로 드러냈기 때문이다.

"저는 자전거입니다. 평생을 자전거 페달을 밟으며 앞만 보고 살아왔기 때문입니다. 자전거는 페달을 밟으면 뒤로 가지 않고 앞으로만 갑니다. 멈출 때까지 페달에서 내려올 수 없죠. 저는 50대 후반이 되도록 사랑하는 이들과 가족을 위해 쉬지 않고 페달을 밟았습니다. 이제는 페달에서 내려와 쉬고 싶다는 생각이 듭니다. 흙을 밟으며, 꽃 향기를 느끼며, 바람을 맞으며 가족들과 손잡고 함께 시간을 보내고 싶습니다. 그러지 못 했던 저의 모습이 후회됩니다. 저는 대한민국의 평범한 50대 가장 OOO입니다."

두 번째로 기억에 남는 자기소개는 20대 취업 준비생의 스피치였다. 보통 취업 준비생들은 자신의 외향적 성격과 능력에 대해 강하게 어필하고 리더십을 운운하기 십상이다. 그리고 취업 포털 사이트에서 베껴 쓴 듯한 천편일률적인 구조를 갖고 있기 때문에 개성도 없고 진심도 느껴지지 않는다. 화려한 수식 때문에 오히려 알맹이가 없는 '속 빈 강정'이 되는 것이다. 하지만 어느 20대 초반 여학생의 자기소개 스피치는 나를 박수치게 만들었다.

"저는 안개꽃입니다. 꽃집에 가서 안개꽃만 사는 사람은 없을 것입니다. 대부분 장미와, 튤립, 프리지아처럼 아름다운 꽃들과 함께 사게 되죠. 안개꽃은 다른 꽃들을 환히 밝혀주는 역할을 합니다. 저는 남들처럼 카리스마가 있어서 사람을 압도하거나, 대단한 리더십이 있어 조직을 잘 이끌거나 하진 못합니다. 하지만 묵묵히 조직을 위해 헌신하고, 나서지는 않지만 뒤에서 미는 역할만큼은 자신 있습니다. 사회는 리더십만을 강조하지만 보이지 않는 팔로우십이 뒷받침해주지 않는다면 과연 조직이 지속가능한 성장을 할 수 있을까요? 저는 안개꽃 같은 강력한 팔로우십의 대가 OOO입니다."

마지막으로 인상 깊었던 사람은 최근 한 대학의 평생교육원 강의 때 만난 교육생이었다. 40대 중후반의 커리어 우먼이었는데 자신의 다양한 삶의 역할을 삼색 볼펜에 비유해 표현한 것이 인상적이었다.

"저는 삼색 볼펜입니다. 삼색 볼펜은 빨강, 파랑, 검정 이렇게 세 가지 색을 가지고 있죠. 저는 집에서는 파랑새처럼 아이들에게 꿈과 희망을 심어주려 노력합니다. 주말이면 아이들과 동물원과 미술관, 그리고 전시회를 다니며 파란색 꿈을 심어줍니다. 그리고 직장에서는 빨간색처럼 열정적으로 일합니다. 워킹맘으로 20여 년간 열정을 다하다 보니, 어느 순간 회사를 이끄는 여성 CEO가 되어 있더군요. 퇴근 후엔 오늘처럼 검정색 볼펜을 들고 강의를 들으러 다닙니다. 검정색 펜으로 하는 공부는 저의 빨강색, 파란색 삶을 지원해줍니다. 이렇게 삼색 볼펜처럼 다양한 삶을 사는 저는 OOO입니다."

이렇게 자신을 표현하는 키워드를 찾으라 하면 다들 힘들어 한다. 그것을 어디서 찾느냐고 한다. 하지만 의외로 어렵지 않다. 주위에 널려 있는 것이 바로 재료들이기 때문이다. 거리의 많은 사물들을 보며 자신의 삶을 대입해보자. 필자도 스피치 능력을 기르기 위해 주위의 사물과 나의 공통점을 찾기 위해 노력했다. 처음에는 너무 막연하고 힘들었지만 시간이 지나자 그 어떤 사물이라도 나와 관련된 키워드를 찾을 수 있게 되었다. 커피든, 버스든, 그 어느 사물에든 그것만의 특징이 있다. 그 특징을 열거한 뒤 나와 대입시켜보자. 공통의 주제를 하나씩 발견할 수 있을 것이다.

Speech point '만약 나에게 30초밖에 시간이 없다면?'

사람들에게 강한 인상을 주긴 했는데 막상 '저 사람이 뭐하는 사람이지?', 혹은 '이름이 뭐였더라?'라는 반응을 얻는다면 자기소개는 성공한 것이 아니다.
하지만 의외로 많은 사람들이 자신을 드러내겠다는 의욕이 앞서 미사여구와 명언 등을 남발한다. 이 때문에 본래의 목적을 달성하지 못하는 경우가 많다.
자기소개는 결국 '자기를 소개하는 것'이다.
만약 1분이 아닌 10초에 나를 소개해야 한다면 당연히 자신의 '이름'과 '직업'을 말해야 할 것이다.

03

명품 프레젠테이션을 위한
그들만의 노하우

✧ 명품 호두과자와 명품 프레젠테이션

가끔 거리에서 호두과자를 파는 것을 보았을 것이다. 한 봉지에 보통 이삼천 원 정도이며, 열 개 정도가 담겨 있다. 겨울철 추운 바람 속에서 호호 불어가며 맛있게 먹는 매우 인기 있는 먹거리다. 하지만 늘 먹을 수 있기 때문에 귀한 음식이라고 생각하는 사람은 별로 없다. 말 그대로 '길거리 음식'인 것이다.

하지만 같은 호두과자라도 명품은 다르다. 천안 호두과자를 보자. 일단 사람들이 잘 알고 있으며, 한 박스를 사려고 일부러 천안까지 원정을 가는 사람도 있을 정도이다. 같은 호두과자인데 하나는 흔한 간식으로, 또 하나는 명품으로 대우받는 이유는 뭘까?

일단 당연히 맛이 다르다. 사람들의 의식을 깨우는 콘텐츠는 누가 발표한다 해도 눈에 띄고 깊이 기억된다. 그러나 부실한 콘텐츠를 그저 화려하게 치장한다면 하루이틀이야 속일 수 있겠지만 금세 실체가 드러나기 마련이다.

뿐만 아니라 명품 과자는 포장 하나에도 정성이 담겨 있다. 앞서 말한 길거리 호두과자는 종이봉투에 마구잡이로 담겨 나온다. 봉투 속에서 과자가 터지거나, 뒤엉킨다 해도 손님의 과실이지 판매자의 과실이 아니다. 판매자는 그저 팔고 나면 그만이지 그 뒤는 신경 쓰지 않는다. 그러나 명품 천안 호두과자는 다르다. 일단 상자의 구획을 나누고, 과자를 한 알씩 종이에 싸서 넣어 준다. 실수로 한 알이 상자 안에서 터졌다 한들 다른 과자들에 영향을 주지 않는다. 명품 프레젠테이션도 이와 별반 다르지 않을 것이다. 그렇다면 어떤 것이 진정한 명품 프레젠테이션일까?

첫째, 원고 내용을 뭉뚱그리지 않는다.

싸구려 길거리 음식처럼 내용을 한 곳에 모으지 않는다. 핵심 주장을 상투적으로 반복한다거나, 일정한 전개 없이 정보만을 한꺼번에 쏟아 붓는 경우가 바로 그러하다. 명품 프레젠테이션은 일단 파트마다 의미가 다르다. 그러나 개별적으로 보이는 각 구성요소들은 알고 보면 유기적으로 연결되어 있고, 하나의 틀 속에 들어 있다. 단계적으로 연결된 요소들이 종국에 명확한 메시지로 귀결되는 것이 명품 프레젠테이션이다.

명품 호두과자를 맛있게 먹은 사람은 "아, 15개 중 11개는 맛있고, 2개는 보통이고, 1개는 별로네."라고 말하지 않는다. 그저 "와, 이거 맛있네."라는 생각뿐이다. 프레젠테이션도 마찬가지다. 개별적이고 다양한 구성요소 속에 명확한 핵심 메시지 한두 개를 남기는 것이 관건이다.

둘째, 표현도 하나하나 정성껏 포장한다.

스피치는 원고도 중요하지만, 그것을 잘 전달할 수 있는지 여부도 매우 중요하다. 원고를 읽을 때 단어를 하나씩 표현해주면 좀 더 활기찬 발표가 될 수 있다. 다음 원고를 소리 내어 읽어 보자.

"시끌시끌한 거리의 소음에도, 매일 밤 저는 두 손을 모으고 조용히 잠들기를 원합니다."

시끄러운 거리에 있는 집, 창밖에서 느껴지는 소음과 그럼에도 불구하고 고요히 두 손을 맞잡고 잠자리에 드는 사람이 대비되어 상상력을 불러일으킬 것이다. 이것을 하나하나 정성껏 포장해 보자. 그러면 절대로 건조하게 읽을 수 없을 것이다.

앞부분은 시끄러운 거리를 상상하며 좀 더 강하게 읽고, 뒤는 고요한 잠자리를 떠올리며 자연스럽게 읽어 보자. 글에서 느껴지는 분위기를 좀 더 효과적으로 표현할 수 있을 것이다. 글을 조금만 분석하면 그 안에 담긴 느낌과 분위기를 알 수 있다. 하나씩 포장된 명품 호두과자처럼 정성스레 감정을 담아 원고를 읽으면 훨씬 효과적으로 내용을 알릴 수 있을 것이다.

초등학생이 교과서를 읽는 듯 무미건조한 스피치는 무성의한 길거리 간식과 같다. 화자가 재미없게 느끼는 원고는 청중도 재미없어 한다. 또한 청중은 가치 없는 내용에는 관심을 주지 않는다.

◆ 당신은 Reader인가, Leader인가

프레젠테이션 현장에 가면 잘하는 사람과 그렇지 못한 사람이 금세 구별된다. 그렇다면 대중에게 기억되는 프레젠테이션과 그렇지 못한 프레젠테이션은 어떤 차이가 있을까? 그것은 프레젠터가 자신의 역할을 어떻게 설정했는지 보면 알 수 있다.

① Reader형 Presenter(프레젠터가 필요 없는 경우)

청자의 기억에 남지 않는 프레젠테이션은 대개 프레젠터가 제 역할을 축소하는 경우이다. 스크린에 비춰진 콘텐츠와 프레젠터가 하는 말이 토씨 하나 틀리지 않고 같다. 그저 스크린에 쓰인 말을 줄줄 읽다가 간혹 즉흥적인 농담을 한두 번 건네는게 고작이다. 특히 프레젠터가 콘텐츠를 파워포인트에 그저 복사만 해둔 경우엔 더욱 그러하다. 이때 프레젠터는 자신을 '리더(Reader)'로 포지셔닝한 것이다. 이런 경우 청중은 슬슬 프레젠터가 거슬리기 시작한다. 걸리적거리지 말고 무대 옆으로 빠져줬으면 하는 마음도 든다. 왜냐하면 프레젠터의 입보다 청중의 독해가 빠르기 때문이다.

② Leader형 Presenter(프레젠터가 없으면 안 되는 경우)

기억나는 프레젠테이션은 프레젠터가 콘텐츠를 모두 흡수하여 발표하는 경우이다. 중간 중간 보여주는 스크린 이미지는 그저 보조 수단일 뿐이며 프레젠터가 설명하지 않으면 명확히 이해되지 않는다. 이때는 프레젠터가 자신을 '리더(Leader)'로 포지셔닝한 것이다. 사람들은 그가 없으면 콘텐츠를 온전히 이해하기 어렵다. 따라서 그의 말 한마디에 귀를 기울일 수밖에 없다. 발표는 매우 성공리에 끝날 것이며, 사람들은 프레젠터를 다른 눈으로 보게 된다.

◆ 정반대의 논리로 청중을 끌어들여라

몇 해 전 대한민국을 뜨겁게 달군 키워드 중 하나는 '통섭'이다. 통섭은 19세기 영국 자연철학자 윌리엄 휴얼(William Whewell)이 만든 용어 'Consilience'를 의역한 단어이다. 최재천 교수가 저서 '통섭의 식탁'을 출간하며 알려지기 시작했다. '통섭'의 사전적 의미는 '사물에 널리 통합

됨', '서로 사귀어 오감'이다. 최재천 교수는 '통섭'을 비빔밥에 비유한다. 크고 움푹한 그릇에 온갖 야채와 계란, 고추장과 참기름을 섞어 새로운 음식인 비빔밥이 만들어지듯 서로 반대되는 것들이 만나면 '전혀 다른 새 것'이 탄생한다는 것이다. 프레젠테이션도 마찬가지다. 주제가 무거워 청중들이 지루해 할 것 같은가? 그렇다면 이 '통섭의 힘'을 사용하자.

인문학과 자연과학처럼 전혀 다른 학문이 만나면 새로운 것이 탄생한다. 그래프 수치는 단순한 사실뿐 아니라 의미가 부여되며, 그 의미에 인문학적 지식이 첨가되면 사람들의 가슴을 울리는 멋진 작품이 나온다.

좌뇌와 우뇌 중 하나만 자극하기보단 양쪽 뇌가 모두 자극되게 하자. 사실이나 객관적 논리에만 치우치게 되면 외면 받는다. 정반대의 것을 자극해라. 청중의 마음은 그곳에 있다. 로봇이나 기계 같던 사람이 의외로 어린아이 같은 순수한 면이 있다는 걸 알게 되면 사람들은 금세 매력을 느낀다. 예를 들어 뻔한 수치 나열에 뜬금없이 그리스신화를 결합시켜 보자. 프레젠터의 창의력에 청중들은 감탄할 것이며, 예상치 못한 반전효과를 노릴 수 있다. 이것이 바로 통섭의 힘이다.

당신의 주장과 정반대편에 있는 소재나 주제를 공략해 보자. 이의로 프레젠테이션은 날개를 달고 새로운 작품으로 변화될 것이다. 스티브 잡스의 프레젠테이션이 '작품'이라 평가되는 것처럼 말이다.

◇ **전문 용어와 수치를 쉽고 간결하게 표현하라**

흔히 통계 수치나 그래프가 프레젠터의 공신력을 높이는 데 큰 역할을 한다고 생각한다. 그러나 이것은 그저 참고자료일 뿐 결코 프레젠테이션의 성패를 좌우하지는 못한다. 청중은 내 이야기로 느끼며 현실적으로 공감하지 못하면 그것이 전 지구적 위기라 하더라도 잘 기억하지 못한다.

"아동 성폭력은 87.6%가 가정에서 일어난다고 합니다. 어린이집이나 유치원은 2.7%에 불과하죠."라는 말보다 "여러분, 아동 성폭력이 십중팔구 가정에서 일어난다는 것 아시나요? 요즘 우리 아이들 할머니나 삼촌이랑 사나요? 아니죠. 요즘 가족은 대부분 부모와 자식으로 이루어집니다. 그러면 가해자가 누구라고 추리할 수 있나요? 당연히 부모님입니다! 왜 그럴까요? 교사는 자격이 있어야 되지만 부모는 자격이 없어도 되기 때문이죠."라고 풀어주는 것이 청중의 이해와 공감을 끌어내는 좋은 방법이다.

◇ **자신을 객관화하여 문제를 파악하라**

처음 강의를 시작한 때였다. 하루는 지도해 주던 선배 강사가 급하게 나를 불렀다. 나의 강의 모습에 심각한 문제가 있다고 생각했는지 비디오 영상까지 보여주시며 바른 연사의 자세에 대해 피드백을 해 주셨다. 영상을 보는 순간 깜짝 놀랐다. 이제까지는 별 문제가 없다고 생각하고 강의를 해 왔는데, 그게 아니었다. 나는 청중 반응이 좋고, 강의가 잘 진행된다고 생각하면 좌우로 몸을 흔드는 버릇이 있었다. 영상으로 보니 생각보다 심했다. 마치 춤을 추는 것처럼 보일 정도였다. 자꾸 몸을 흔들다 보니 지나치게 산만해 보였다. 그간 내 강의를 묵묵히 들어 준 청중들에게 송구스러울 정도였다. 부끄럽고 민망한 마음에 더 이상 영상을 보지도 못했다. 선배가 지적해 주기 전까지 내가 이렇다는 것을 전혀 모르고 있었다.

이후 나는 부끄러움을 참고 매일 영상을 돌려 보았다. 예전 모습에서 잘못된 점을 고치고, 또 그 모습을 카메라로 찍어 돌려보며 점검했다. 처음에는 발가벗겨진 듯한 기분이 들어 창피했으나, 차차 잘못된 점들이 하나둘 눈에 들어오기 시작했다. 내가 나를 객관화시키고 보니 더 빨리 단점을 찾아 개선할 수 있었다. 한 달쯤 지나자 강연 영상 돌려보기에 재미가 붙었다. 어설프고 불안해하는 모습들이 점차 바뀌고 있었다. 그리고 삼 개월쯤 지나자 잘못된 점을 대부분 바꿀 수 있었다. 가장 기뻤던 건 모니터링을 한 기간만큼 강의평가 점수도 상승한 것이다.

이후로는 교육생들에게 수업을 할 때 그들의 모습을 카메라에 담아 준다. 그리고 가능한 틈나는 대로 영상을 돌려 보라고 조언한다. 교육생들은 대부분 예전의 나처럼 부끄러운 마음에 강의 영상 보기를 기피한다. 그러나 잠깐의 부끄러움을 이겨내고 문제점을 고쳐 나가야만 고지에 이를 수 있다. 물이 100도 미만에서는 끓지 않는 것처럼, 새로운 결과를 도출하려면 이 끓는점까지 자신을 몰아붙여야 한다. 발표를 많이 하는데도 주위 평가가 늘 비슷비슷했다면 아직 이 끓는점에 도달하지 못한 것이다.

흔히 연기자들이 방송에 자주 나올수록 점차 아름다워지는 것을 '카메라 마사지'라고 말한다. 카메라에 비친 자신을 살펴보며 태도와 표정, 연기 등을 검토하여 점차 아름다워지고 발전하는 효과를 말한다. 부끄럽다고, 보기 싫다고 덮어두지 말고 자기를 객관화시키며 문제점을 고치다 보면 언젠가 그것이 즐거워진다. 더욱 발전하는 그날이 올 때까지 문제에 직면하고 맞서라.

오케스트라 연주, 뮤지컬 무대는 여럿이 협력하고 노력하여 완성된다. 그렇기에 공연이 끝난 뒤 받게 되는 환호나 박수도 무대에 선 모두가 함께 받게 된다. 그러나 프레젠테이션은 다르다. 비록 자료조사, 연구, 발표 등 역할은 각자 분담하여 협력한다 해도 발표를 마친 뒤에는 오로지 프레젠터만이 찬사를 받는다. 역으로 같은 콘텐츠를 말하더라도 발표가 성공적이지 못하면 프레젠터의 능력 부족을 탓하게 되는 것이다. 그러니 당신이 프레젠터라면 긴장하라, 그리고 박수를 받을 준비를 하라!

Speech point 프레젠테이션은 잘 차려진 코스 요리

코스 요리는 도입부, 본론, 마무리가 모두 다르다. 프레젠테이션도 이와 같다. 만약 30분의 프레젠테이션을 한다면 다음과 같이 구성하면 좋다.

① 에피타이저 (서론) : 5~10분
발표 취지를 말할 때는 재미있는 사례나 이야기 등으로 청중의 마음을 여는 것이 좋다. 최근에 방영된 드라마나 화제의 영화, 코미디에 나오는 에피소드를 활용하면 효과적이다. 사람들은 프레젠터와 그가 말하려는 콘텐츠에 무의식적인 '적대심'이 있다. 그리고 그 마음을 프레젠터가 없애 주기를 바란다. 이때 가벼운 에피소드로 주의를 환기하는 것만큼 좋은 방법은 없다. 메인 요리를 먹기 전, 입맛을 돋우는 애피타이저처럼 청중의 마음을 여는 것이다. 또한 주위 상황에 따라 적절한 애드립을 건네는 것도 좋다. 예를 들어 추운 겨울, 회사에서 하는 강연이라면 "발표가 끝나면 여러분은 뜨거운 애사심에 입고 계신 외투를 벗고 나가게 되실 겁니다." 같은 농담도 좋은 방법이다. 물론 겉으로는 애드립처럼 보여도 사전에 충분히 준비된 농담이어야 된다.

② 메인 요리 (본론) : 20~25분
도입부에서 본론으로 넘어가는 적절한 브릿지(Bridge)가 있어야 한다. 자연스럽게 이어지면 본론이 힘을 얻을 수 있다. 또한 중간 중간 에피소드를 삽입함으로써 지루함을 없애는 브릿지도 있으면 좋다. 브릿지란 단편적인 텍스트를 나열하는 것이 아니라, 도입부 에피소드와 유기적으로 연결되어야 한다.
 발표자들은 대부분 서두에만 여러 사례를 넣어 잠깐 흥미를 끌고 뒤에는 지루한 내용들을 나열한다. 이것은 '콘텐츠의 끈기'가 부족한 프레젠테이션이라고 볼 수 있다. 국수에 비교해 보자. 적당히 끈기가 있어 쫄깃한 프레젠테이션은 청중들의 입맛을 돋우고 만족감을 선사한다. 툭툭 끊어지고 풀어지는 프레젠테이션은 맛없는 음식처럼 끝까지 참아내기가 힘들다. 마라톤처럼 끝까지 긴장을 풀지 말고 다양한 브릿지를 활용해 청중에게 맛있는 메인 요리를 제공하자.

③ **디저트 (마무리) : 5분**
도입부에서 썼던 에피소드를 다시 언급하며 완성도를 높이고, 감성적인 이야기로 청중의 마음을 뒤흔들자. 이 부분에서 딱딱하게 굳었던 청중의 머리를 풀어주고, 부드러운 비유로 가슴 속에 확고한 이미지를 심어 줄 수 있다. 결론에서 청중이 받는 느낌은 프레젠테이션에 대한 평가를 결정하는 중요한 변수이다. 기껏 최선을 다해 맛있는 음식을 차렸는데, 디저트로 나온 커피에 파리가 빠져 있다면 손님은 그 식당을 다시 찾지 않을 것이다. 반대로 음식은 비록 평범했지만, 디저트로 훌륭하게 로스팅 된 원두커피가 나왔다면 손님은 그 식당을 다시 한 번 찾을 것을 고민하게 된다. 프레젠테이션도 이와 같다.

04
그들은 긴장을 통해 더 강해진다

◆ 두려움을 선순환시키는 방법

강의 현장에서 많은 질문을 받지만 사람들이 가장 궁금해 하는 것은 이것이다.

"무대에 서면 너무 긴장돼요. 우황청심환이라도 사 먹어야 할까요?"

대부분의 사람들은 수많은 청중 앞에 서는 것에 두려움을 느낀다. 그 긴장과 두려움을 극복하기 위해 끊임없이 고민하는 것이다. 그런데 문제는 대부분 고민만 하다가 두려워하는 상태로 끝나는 경우가 많다는 것이다. 두려움과 정면으로 맞서 이길 수 있는 방법은 단 하나뿐이다.

두려움을 통과하는 것, 다시 말해 '두려움의 순환'을 경험하는 것이다.

사람들 앞에서 강의하는 것이 직업인 강사는 긴장하지 않을까? 아니 오히려 더 가슴이 떨린다. 나 역시 강의를 업으로 하지만 청중이 3명이든 1,000명이든 긴장하는 것은 마찬가지다. 심지어 유대관계가 있는 교육생과 일대일 컨설팅을 할 때도 그렇다. 게다가 강의가 끝나면 강의평가에 대한 부담도 밀려온다. 교육생들의 평가에 따라 그 사람의 능력이 결정되고, 지불한 강의료가 합당한지 판단되기 때문이다. 차후에 그를 또 부를 건지도 함께 결정된다. 이렇듯 긴장은 경험으로 없앨 수 있는 것이 아니다.

하지만 무대에 서면 재미있는 프로세스를 경험하게 된다. 사전준비를 철저히 하여 자신 있게 말을 하면 사람들은 동의한다는 뜻으로 끄덕이며 웃어준다. 반응이 좋을수록 떨리는 마음은 풀어지고 여유가 생겨 점차 탄력 있는 강의를 할 수 있다. 이 시간만 잘 넘기면 무대 위가 어느 때보다 편안하다. 편안한 마음으로 자유롭게 말을 하며, 필요할 때면 적절한 유머를 구사하고 연기도 할 수 있다. 이 순환 과정에 익숙해지면 강연 전 긴장이 오히려 기폭제처럼 느껴지는 순간이 온다. 이것이 내가 두려움과 마주했을 때 경험한 것이다. 이런 순환 과정을 수차례 겪고 나면, 두려움과 긴장이 싫어할 수 없는 존재라는 것을 인정하게 된다.

무대공포증이 있는 사람들은 대부분 이러한 선순환을 잘 모르기 때문에 아예 긴장 자체가 없는 상태를 바란다. 다시 한번 말하지만 세상 어디에도 단번에 긴장을 없애는 방법은 없다. 혹여 있다고 하는 이들은 긴장 이후에 이어지는 편안함을 무긴장으로 오해하여 그렇게 말하는 것일 수도 있다. 어쩌면 그들 역시 자신이 말한 방법들이 그저 신기루에 지나지 않음을 알고 있을 것이다. 긴장과는 별도로 무대에 서는 걸 두려워하지 않는 사람도 있기는 하다. 그러나 그들 대부분은 좋지 못한 말로를 맞는다. 그 이유는 다음과 같다.

✧ 긴장하지 않는 사람은 교만하다

주변에 여러 사람 앞에서 말하는 것이 편하다고 하는 사람이 있는가? 아마 별로 없을 것이다. 나는 우연하게 그렇게 말하는 사람을 본 적이 있다. 그는 중년 남성이었다. 그와 비슷한 연배의 교육생들을 흔히 보아 왔던 나였지만 왠지 모르게 첫인상이 좋지 않았다. 일단 아무 말 없이 그의 강의를 들어 보았다. 그가 말한 대로 정말 편한 무대였다. 능숙한 언변으로 사람들을 웃기고, 순간순간 던지는 재치 있는 표현들은 놀랍기까지 했다. 계속된 승승장구 때문이었을까? 그는 이후에도 무대에 서기를 두려워하지 않았다.

그러나 바로 그것이 문제였다. 두려움이 없기에 고민도 없다. 고민이 없기에 순간순간 떠오르는 생각들이나, 거르지 못한 감정들, 임기응변이 그대로 튀어나온다. 그럼에도 불구하고 관객의 반응은 나쁘지 않았다. 그렇기에 그 행태가 반복된다. 또한 그의 강의에는 핵심도 없었다.

그간 성과가 좋았기에, 아니 최소한 욕은 먹지 않았기에 굳이 시간을 들여 고민하며 원고를 준비하지 않는다. 오랜 통찰과 경험으로 묵은지처럼 숙성된 강의가 아니라 순간적인 자극만 주는 패스트푸드같은 강의를 하게 되는 것이다.

그러다 보면 점차 무대의 질이 떨어지게 되고, 강사는 영문도 모른 채 내쫓기게 된다. 이것이 바로 긴장하지 않는 발표자의 나쁜 습관, 무긴장 악순환이다.

한동안은 잠시 사람을 홀릴 수 있을지 모르나 진정으로 청중의 마음을 울리고 깨닫게 하는 감동적인 '스피치 대가'는 될 수 없다. 이는 마치 조미료를 가득 넣은 음식을 좋은 음식이라고 하지 않는 것과 같다.

✧패스트푸드형 스피치 vs 슬로우푸드형 스피치

어느 날 케이블 방송에서 조미료를 최소한으로 쓴 몸에 좋은 음식을 판매한다는 식당을 본 적이 있다. 전국 냉면집을 돌며 조미료를 넣는지 여부를 살펴 순수한 식재료만으로 음식을 만드는 집을 찾아내는 프로그램이었다. 취재를 갔던 식당들은 대부분 자신만만해 했다. 그러나 결국 식자재 품질이 떨어지고, 조미료를 다량 사용한 것이 밝혀져 우후죽순처럼 심사에서 떨어지고 말았다. 마지막으로 남았던 몇몇 식당들마저도 결국엔 과도한 조미료 사용이 밝혀져 전부 탈락했다.

취재진은 전국 백여 군데가 넘는 식당을 돌아다녔지만 조미료를 쓰지 않는 집은 단 한 집밖에 없었다. 그 식당은 간편하고 신속한 조미료를 사용하는 대신 양념과 면을 직접 만들었다. 새벽부터 반죽을 하여 면을 뽑는 장면을 보니 냉면 한 그릇을 팔면서 저렇게 공을 들일 필요가 있을까 하는 생각마저 들었다. 그러나 그곳에 다녀간 손님들과 요리 전문가들은 하나같이 엄지손가락을 치켜세웠다. 감동적인 맛이라며 극찬을 하는 취재진을 보자 괜히 마음이 찡했다. 냉면 한 그릇이 가치 있는 명품 음식으로 평가되는 순간이었다.

음식에 쓰이는 조미료는 절대로 깊은 맛을 주지 못하며 자극으로 혀를 마비시킨다. 그러나 조미료를 많이 쓰는 식당은 후한 평가는 못 받을지라도 최악의 평가는 받지 않는다. 오히려 맛있다고 하는 이들도 더러 있을 것이다. 그런 칭찬들이 계속되다 보니 쉽게 구입하여 신속하게 음식을 만들 수 있는 인스턴트 조미료를 쓰게 되는 것이다. 이는 단기간에는 좋을지 모르나 장기적으로는 좋지 못한 선택이다.

말 또한 마찬가지다. 고민 없이 그저 나오는 대로 말을 내뱉어서는 안 된다. 단순히 언변 좋은 화술을 배우는 것을 스피치 강의라고 알고 있는 이들이 있다. 이들은 그저 '패스트푸드형 스피치'를 원하는 것이다. 앞서 말했듯 패스트푸드는 자극적인 맛으로 순간의 즐거움을 주지만, 감동을 주지는 못 한다. 제대로 된 스피치는 깊은 장국과 같다. 오랫동안 고민해 여러 생각을 조합하고, 분해하는 과정을 거쳐 만들어진다. 말은 쉽게 하지만 콘텐츠는 쉽게 만들어지지 않는 이 과정을 거쳐야만 비로

소 청중에게 '슬로우푸드형 스피치'를 선물할 수 있다.

   슬로우푸드형 스피치의 원동력은 바로 '긴장'과 '두려움'이다. 두려움은 발표자를 강하게 만들고, 콘텐츠의 질을 높이는 촉매제가 된다. 선순환 사이클을 여러 번 경험하다 보면 비로소 깊은 감동과 깨달음을 주는 스피치가 완성된다. 이것을 익힌 발표자는 방송에 나온 '착한 식당'처럼 '좋은 연사'라는 찬사를 들을 수 있게 된다.

   긴장을 무조건 거부하지 말라. 긴장은 당신의 스피치를 완벽하게 만들 것이며, 청중들에게 찬사를 받게 하는 밑거름이 될 것이다. 긴장 역시 피할 수 없다면 기쁜 마음으로 즐겨라!

◈ 청중들의 속마음 읽기

지금까지 한 이야기들로 두려움이 왜 필요한지 충분히 알았으리라 생각한다. 이제는 청중의 특성을 알아 볼 차례다. 수많은 강의에서 여러 청중을 경험하며 그들에게 공통점이 있다는 것을 발견하게 되었다. 그러자 처음에는 막연히 두렵기만 했던 무대가 전보다 훨씬 편하게 느껴졌다.

① 청중은 변덕쟁이다

   만약 당신이 지인들과 수다를 떨다 무대에 올라갔다고 하자. 이제 당신은 엄밀한 잣대로 평가되는 객관적 요소가 됐다. 당신이 올라간 순간, 청중은 당신 편인 팀원들과 당신을 판단하는 적으로 바뀔 것이다. 청중은 발표자가 무대에 올라간 순간 엄격하고 무자비한 판단자가 된다. 왜냐하면 15분이 됐든, 1시간이 됐든 당신이 그들의 시간을 독점하고 있기 때문이다. 그들은 은연중에 빼앗기는 시간들을 보상받고 싶어 한다.

청중은 발표자가 자신들을 일깨워 주길 바라며, 혼을 빼놓을 정도로 웃겨 주길 바란다. 흔히 알려진 이야기로 지루하게 한다거나, 성의 없는 내용들로 시간이 아깝다는 생각을 하게 한다면 청중들은 당신을 좋게 평가하지 않을 것이다.

반대로 그들에게 필요한 정보를 주고, 재미있게 웃겨 주기까지 하면 당신은 한순간에 멋진 스피커가 된다. 사람들은 귀를 열고, 호기심 어린 눈빛으로 당신의 입에서 나오는 말 한마디 한마디에 집중할 것이다. 청중의 평가는 의외로 짧은 순간에 결정되고, 순식간에 뒤바뀌기도 한다.

물론 방심은 금물이다. 호의적인 평가는 오래가지 않으며 실수로 그들의 비위라도 상하게 하면 전세는 금방 역전된다. 당신이 받던 박수가 순식간에 야유로 바뀔 수도 있다. 그러니 늘 긴장하며 청중의 반응을 살펴라.

② 청중은 한꺼번에 많은 것을 습득하지 못한다

프레젠테이션을 준비하는 이들은 상대방에게 최대한 많은 정보를 주려고 한다. 발표자들은 준비한 자료들을 보따리 풀듯 하나씩 열거하려

한다. 발표자는 늘어놓는 정보만큼 청중이 만족할 것이라 생각한다. 또한 청중이 발표 내용을 충실히 받아들여 인생에 바로 적용할 것이라 생각하기도 한다. 그러나 이것은 착각이다. 청중은 고민하는 것을 싫어한다. 그들은 '보편적인 소비자 행태 23가지'보다 '똑똑한 소비자의 3가지 습관'에 더 관심을 기울일 것이다. 아무리 위대한 발표라 하더라도 청중은 결국 명확한 두세 문장밖에 기억하지 못한다. 정보의 양이 뛰어난 발표자를 만드는 것이 아니다. 중요한 것은 질이다.

③ 청중이 원하는 것은 사실이 아니다

청중은 '사실'에 별 매력을 느끼지 못한다. 몇 퍼센트인가, 비율이 얼마인가, 이러한 숫자를 나열하는 것은 발표가 아니라 대학 리포트일 뿐이다. 이것은 인터넷 검색만으로도 얼마든지 알 수 있는 정보이다. 청중은 그것을 들으려고 귀한 시간을 할애해 당신 앞에 앉아 있는 것이 아니다. 청중이 원하는 것은 '통찰'과 '즐거움'이다.

몇몇 숫자들을 나열하며 '이것이 발표다!'라고 말하는 이들이 있다. 그러나 청중은 숫자와 통계에는 별 관심이 없다. 그들은 그 속에 담긴 의미와 발표자의 '통찰'을 듣고 싶어 한다. 발표자의 말을 통해 마음이 동하고, 생각이 바뀌길 바란다. 전문 강사의 강연을 듣는 이유는 단순히 '정보' 때문이 아니다. '정보'가 필요하다면 그저 인터넷으로 검색을 하거나, 도서관을 찾는 게 훨씬 효율적일 것이다. 청중은 '정보' 보다는 현장에서 생생하게 느껴지는 발표자의 '통찰력'에 귀를 기울이고 싶어 한다.

다음으로는 즐거움이다. 어느 누구도 지루한 시간을 좋아하지 않는다. 이것은 주제가 딱딱한 경제 포럼이라도 마찬가지다. 내가 아는 어떤 교수는 강의를 한 편의 공연처럼 만든다. 강의 중간 중간 취미 삼아 배운 마술을 보여준다. 게다가 강의 내용과 연관된 마술이어서 학생들은 더욱 효과적으로 강연을 받아들인다. 아무 의미 없이 정보만 전달하는 다른 강의들보다 이런 강의들이 훨씬 기억에 남는다.

알다시피 강연료가 비싼 강의들은 대부분 재미있다. 정신없이 웃고 떠들기만 했는데 내용은 머릿속에 쏙쏙 들어온다. 사람들은 이때 무릎을 탁 친다. 머리를 쥐어뜯으며 정보를 주입하던 시대는 지났다. 허벅지를 꼬집으며 졸지 않으려고 노력하는 청중은 더 이상 없다. 프레젠테이션의 목적이 지식과 정보 전달이라 하지만 이제는 즐겁지 않으면 누구도 돌아보지 않는다.

④ 청중의 웃음을 믿지 말자

한때 청중이 웃는 정도가 강의에 대한 평가라고 생각했던 적이 있다. 한번은 반응이 매우 좋았던 강의를 마치고 당당하게 평가서를 요구했는데 몇 주 후 결과를 받고 매우 실망했던 적이 있다. 충분히 청중을 웃겼고, 충분히 그들을 즐겁게 했다고 생각했는데 기대치보다 한참 낮은 점수가 나온 것이다. 웃음은 호의를 의미한다고 착각하고 있었던 것이다.

누구나 알겠지만 웃음은 의미가 매우 다양하다. 사람은 즐겁고 행복할 때만 웃는 것이 아니다. 발표자가 영양가 없는 농담을 건네면 청중은 웃으면서도 '저 사람 참 찌질하네.'라며 발표자를 비웃는다. 적막한 분위기를 깨려고 억지로 웃는 청중도 있다. 이것은 호의에서 나오는 '착한 웃음'이 아니다. 그리고 '착한 웃음'이 적을수록 발표자의 신뢰도는 점점 떨어진다.

⑤ 청중이 많을수록 한 사람이라고 생각하라

열 명을 두고 발표할 때와 백 명을 두고 발표할 때는 많이 다를까? 강의 준비야 좀 더 철저해질 수 있지만 그 외에는 별반 다르지 않다. 사람들은 대부분 청중이 많으면 그들을 만족시키기가 어려울 것이라 생각한다. 그러나 실상은 그렇지 않다.

오히려 청중이 많을수록 발표자의 이야기에 귀를 기울인다. 또한 작은 농담을 건네도 반응이 더 크다. 오디오 채널이 늘어난 것이 아니다. 그저 볼륨이 커졌을 뿐이다. 참여한 사람들만큼 생각이 다양해질 필요도 없다. 오히려 그 많은 사람들을 한 명이라 여기는 편이 좋다. 따라서 여럿이 공감할 수 있는 엄청난 에피소드를 찾을 필요도 없다. 절대 다수는 개인과 같다. 솔직한 '개인적 경험'이 오히려 다수의 공감을 살 것이다. 많은 청중을 묶어 한 명의 상대와 대화한다고 생각하라. 이전보다 더 자연스럽고 설득력 있는 발표가 될 것이다.

그들은 전화 통화의 중요성을 알고 있다

◆ **오해를 불러일으키는 전화 통화**

"네? 뭐가요? …… 아닌데요. 네."

최근 내가 겪은 전화 응대 내용이다. 마치 일반 가정집이나 고등학생 핸드폰에 전화한 것 같지만, 놀랍게도 유명한 대형 미용실에 전화했을 때 들려온 말이었다. 가격과 위치가 궁금해서 전화를 했는데, 퉁명스럽고 어딘가 귀찮아하는 그 음성을 듣고는 기가 죽었다. 괜히 더 바쁘게 만드는 게 아닌가 싶어 당장 예약하지 못했다. 인터넷으로 검색해 보니 머리를 잘하는 데 비해 서비스가 별로라는 의견이 많았고, 결국 그곳 대신 항상 마음 편히 가는 동네 미용실을 찾게 되었다. 앞으로도 굳이 그 유명 미용실을 찾아갈 것 같지는 않다.

  많은 사람들이 전화 통화에 별달리 신경 쓰지 않는다. 실제로 고객을 만나는 접점(Face To Face)에서는 최선의 이미지를 만들기 위해 표정과 음성과 제스처에 신경을 쓰지만, 전화통화는 건성으로 하기가 쉽다. 대개는 다른 일을 하면서, 밥을 먹다가, 남과 대화하다가 하는 게 전화 통화다. 직접 얼굴을 볼 때보다 노력을 덜 기울이며, 음성을 다듬지 않는다.

  그러나 사실은 전화를 할 때 오히려 더 최선을 다해야 한다. 보이지 않는 상황에서 발생하는 여러 가지 오해들 때문이다. 건성으로 받았던 나의 말투나 음성이 상대의 반감을 살 수 있고, 별 것 아닌 것처럼 보이는 작은 억양의 차이 때문에 오해가 자주 발생한다. 그것이 전화 응대자에 대한 반감에서 그치는 것이 아니라 회사에 대한 반감으로 발전하고, 결국 고객이 등을 돌리고 떠나게 할 수 있다. 경영자라면 전화 응대에 대한 교육을 필수적으로 해야 한다.

◆ 전화 통화에서 저지르는 4가지 실수

전화 통화를 할 때 응대자가 저지르는 흔한 실수는 4가지이다. 전화를 받는 타이밍부터 응대자의 전문성과 문제해결 능력, 대화의 진실성이라는 관점에서 살펴보자.

① **10초의 원칙**

가급적 벨이 3번 울리기 전에 받자. 전화벨이 한 번 울릴 때마다 3초 정도의 시간이 흐른다. 총 3번이니, 대략 10초 안에 받는 것이다. 어째서 꼭 10초가 필요할까? 벨이 울리자마자 받을 경우 상대방이 너무 긴박하다고 느껴 심적 부담을 가질 수 있다. 10초는 상대에게도 여유를 주고, 응대하는 사람도 음성을 가다듬고 마음을 추스를 수 있는 '최고의 타이밍'이다.

혹여나 사정이 생겨 늦게 받을 경우, "늦게 받아서 죄송합니다, 고객님. 무엇을 도와드릴까요?"라고 가벼운 사과를 해야 더 이상의 불쾌감을 주지 않을 수 있다. 이는 고객뿐만 아니라 지인에게도 적용하면 좋은 방법이다. 가까운 사람에게는 전화통화도 아무렇게나 하는 경향이 있는데, 가까운 관계일수록 사려 깊은 말을 아끼지 말아야 한다.

② **잘 모르겠는데요?**

고객이 정보를 요구하거나 불만사항이 있어 전화를 했을 때, 응대자가 능숙하게 대응하지 못하는 경우가 있다. 이때 고객은 응대자가 업무에 충실하지 못하다고 느끼며, 기업에 반감을 가지게 된다. 이런 상황에서 응대자가 이렇게 대답한다면 대부분의 고객이 얼굴을 찌푸릴 것이다.

"네? 잘 모르겠는데요?"

더욱 심각한 것은 고객이 전화를 끊으려고 할 때 그냥 "네……" 하고 함께 끊어버리는 경우다. 당사자가 그 업무에 대해 정확한 지식과 경험을 갖추는 것은 기본이지만, 혹여나 인지하지 못하는 상황이라 해도 방법은 있다. 즉각적으로 대답하지 못하는 상황이라면 당황하지 말고 고객에게 전화를 드리겠다고 약속하고 수화기를 놓으면 된다. 충분히 관련 정보를 숙지한 다음 다시 전화한다고 하면 오히려 고객은 자신이 서비스를 받는다고 느끼고 호감을 갖게 된다. 이는 반감을 가질 수 있는 상황을 역전시키는 스피치 방법이다.

고객이 전화할 때 내용을 재차 물어보는 것도 실수다. "네? 네?" 하면서 상대방이 분명히 이야기한 내용을 반복해 물어본다면 상대방은 '과연 내 말에 집중하긴 하는 걸까?'라고 생각하게 된다. 그래서 꼭 상대방이 이야기하는 동안 메모를 하며 응대해야 실수하지 않는 것이다.

나는 강연 의뢰가 들어올 때 항상 메모와 함께 녹음을 하는 습관이 있다. 그래서 상대가 가볍게 얘기한 정보조차도 쉽게 흘리지 않는다. 이는 상대방과 내가 효율적으로 업무를 할 수 있도록 도와줄 뿐 아니라 내 음성과 평소 스피치를 모니터링할 수 있는 일거양득의 방법이다.

③ **도대체 같은 얘길 몇 번째 하는 거야!**

몇 달 전 필자의 친구가 공기업에 문의사항이 생겨 전화를 걸었다고 한다.

"네. ○○○○ 공단 ○○○ 담당자입니다."
"안녕하세요. 다름이 아니라 ○○○에 대해서 문의사항이 있어 전화 드렸어요."
"그건 저희 부서 담당이 아니라서요. ○○○로 연결해 드릴게요. 그 쪽으로 문의해 보세요."

이런 식으로 토스한 지 서너 차례, 그리고 그 끝에 얻은 대답은 참 허무했다.

"아, 그건 저희 부서도 알지 못하는 내용인데……"

친구는 당연히 화가 났다. 원하던 정보를 알아내지 못한 것은 둘째 치더라도, 전화를 걸면서 자신의 소관업무가 아니라는 이유로 타 부서로 무성의하게 이관하는 태도와 네 번에 가깝게 같은 내용을 기계처럼 반복해야 했으므로 너무나 불편했던 것이다.

담당자는 아무 생각 없이 타 부서로 전화를 넘겼겠지만, 전화를 건 사람은 새로운 담당자에게 다시 처음부터 이야기를 해야 한다. 친구는 결국 원하던 답을 듣지 못한 채, 날아가 버린 시간의 허무함과 쓸데없이 지출한 20분의 전화통화료를 고스란히 부담해야 했다.

고객에게 전화가 왔을 때, 타 부서로 떠넘기는 것이 능사는 아니다. 본인이 할 수 있는 것은 정성껏 대답하자. 피치 못할 상황으로 통화를 넘길 때는 타 부서 담당자에게 직접 내용을 전달하자. 전화 건 사람은 대답만 들을 수 있도록 말이다.

④ 진심이 없는 '솔' 음정

하루에도 몇 번씩 걸려오는 텔레마케팅 전화나 콜센터 상담원의 목소리는 하나같이 약간 떠 있는 고음이다.

"사랑이 가득한 OO기업 상담원입니다. 고객님 반갑습니다."
"고객님, 이번 저희 회사에서 진행하는 이벤트에 당첨되셨습니다. 진심으로 축하드립니다."

누군가로부터 시작되었는지 모를 솔 음정의 응대는 모든 콜센터 직원들에게 전파되어, 이제는 어딜 가든 이런 기계식 말하기가 익숙한 시대가 되었다. 그런데 이런 솔 음정을 들을 때마다 진심으로 나를 위해 말한다는 느낌보다 한 발짝 뒤로 물러나서 그저 일로만 나를 대하고 있다는 느낌이 든다. 기분이 썩 좋은 것도 아니지만, 기분 나쁘다고 할 정도도 아니다. 모 리서치 센터의 조사 결과에 따르면 70% 이상의 응답자들이 솔 음정에 대해 짜증난다고 응답했다. 친절하다기보다는 기계적이라는 평가였다. '솔' 음정이 오히려 고객의 감정을 상하게 할 수 있다는 것이다.

상대방에게 진실한 감정으로 이야기할 때 오히려 음정이 낮아지게 된다. 고객센터에는 대부분 마음 상한 고객들이 전화를 한다. 자신의 상황을 이해 받고, 위로 받기 원하는 것이다. 이 경우 고객의 입장이 되어 차분한 어조로 응대하는 것이 훨씬 효과적이고, 고객을 만족시키는 일이다. 훈련된 '솔' 음정으로 이야기하는 것은 고객을 배려하지 않고 먼 산의 불구경하는 듯한 인상을 주기 쉽다.

고객이 듣고 싶은 것은 과장되고 포장된 목소리가 아니라, 이해와 배려에서 나오는 진심이 담긴 목소리다.

Speech point 상대를 감동시키는 스피치 스킬

- **상대를 기분 좋게 하는 쿠션의 언어 활용**
  괜찮으시다면~ 잠시만 기다려 주시겠습니까?
  죄송합니다만~ 다시 한번 걸어주시겠습니까?
  실례합니다만~

- **부정형에서 긍정형으로 전환**
  잘 모르는데요? → 확인 후에 다시 한번 전화 드리겠습니다.
  안됩니다. → 곤란합니다만, 방법을 한번 찾아보도록 하겠습니다.
  그런 식으로는 안 됩니다. → 다른 방법으로는 가능합니다.

- **명령형을 청유형으로 전환**
  전화 드리겠습니다. → 다시 전화 드려도 괜찮으시겠습니까?
  기다리세요. / 잠시만요 → 잠시만 기다려주시겠습니까?
  OOO 하셔야 합니다. → 괜찮으시다면 OOO 해주시겠습니까?

- **좀 더 정중한 표현**
  지금 안 계시거든요 → 죄송하지만 지금 부재중이십니다.
  알고 계시죠? → 실례지만 알고 계시는지요?

- **이럴 땐 이렇게!**

    누구세요? (X)
    실례지만 누구신지 여쭤 봐도 될까요? (O)

    여보세요? 여보세요?? (X)
    죄송합니다만, 전화상태가 좋지 않습니다. 다시 한 번 전화 해주시겠습니까? (O)

    네? 네?? (X)
    죄송하지만 다시 한 번 말씀해주시겠습니까? (O)

    무슨 일이신데요? (X)
    무엇을 도와드리면 좋을까요? (O)

    모르셨어요? (X)
    아, 그 부분에 대한 설명을 듣지 못 하셨군요. 다시 한 번 자세히 말씀 드릴게요. (O)

    다시 전화해 주세요. (X)
    제가 잠시 후 편하신 시간에 전화 드려도 될까요? (O)

06

100만 원짜리를
1,000만 원에 파는 비결

◆ 의도가 노출되면 실패다

당신이 세일즈를 해야 하고 더 나은 세일즈 성과를 원한다면 이 말만 명심하라. '상대방에게 의도가 드러나면 안 된다.' 만약 들켰다면 처음으로 돌아가거나 게임을 다시 시작해야 한다. 상대에게 반 이상 지고 들어가는 것이기 때문이다. 사람은 누구나 이익을 추구하려고 달려드는 사람을 좋아하지 않는다. 어느 누구도 예외는 아니다.

예를 하나 들어 보자. 만약 보험설계사가 당신이 일하는 사무실에 들어와서 보험계약을 따내려 한다고 가정해 보자. 어느 누구도 그 보험설계사가 당신에게 아름답고 따뜻한 이야기를 전해주고 커피 한 잔 대접받기 위해서 방문했다고 생각하지 않는다. 누가 봐도 의도는 확실하다.

한 명의 고객이라도 더 유치하고 싶은 마음에 추운 길도 마다하지 않고 냉대를 참아가며 이름 모르는 누군가의 앞에 서있는 것이다. 하지만 당신도 너무나 잘 알고 있는 그 의도를 설계사가 직접 노출시킨다면? 만약 설계사가 보험 한 건당 본인 계좌에 들어올 수입을 생각하고, 이보다 좋은 보장은 없다면서 고가의 보험 상품에 가입시키려고 할 때, 당신은 순순히 계약할 수 있는가? 설계사는 나를 위해서가 아니라, 자신의 이익을 위해 동분서주한다고 생각할 것이다. 아마 다시는 그 설계사를 보려 하지 않을 것이다.

고객은 의도를 모르지 않는다. 문제는 그 의도를 직접적으로 드러내느냐, 아니면 의도를 잊고 싶을 정도로 진심을 보이느냐다.

✧ 세일즈에 성공하고 싶다면 투명인간이 돼라

왜 말을 잘하는데 성과가 나지 않을까. 왜 항상 최선을 다하는데 기대치에 도달하지 못할까? 세일즈의 핵심은 자신을 드러내지 않고 눈앞에 있는 소비자만 부각시키는 것이다. 뛰어난 판매왕이 되고 싶다면 투명인간이 되어라. 유능한 세일즈맨으로 성공한 사람들은 현란한 수식과 화술로 자신의 존재를 화려하게 드러낸 사람이 아니다. 단지 소비자의 만족을 위해 진심으로 노력을 다한 사람이었다. 그들에게 자신의 존재란 없었다.

"보고 계시는 이 제품은 저희 회사가 2년간 심혈을 기울여 만든 작품입니다. 저 역시 이 제품을 판매함에 있어 더없는 자신감과 사명을 갖고 있습니다. 이 제품으로 저희 회사는 올해 상반기 매출에서 동종업계 1위를 탈환할 수 있었고, 저는 항상 꿈꿔왔던 내 집 마련에 성공했습니다."

이런 말은 전혀 쓸모가 없다. 착각하지 말자. 고객은 '당신의 회사가 얼마나 이 제품에 노력을 기울였나, 혹은 판매원이 이것으로 얼마나 큰 소득을 얻었는가.' 따위에는 전혀 관심이 없다. 그것은 판매에 도움이 되는 말이라기보다는 소비자의 귀에 거슬리는 말이고, 판매하는 사람 스스로를 드러내는 말일 뿐이다. 소비자가 '만드는 데 얼마나 고생했을까, 얼마나 힘들었을까, 대단한 제품이네.'라고 생각해 주길 바라는 마음은 아예 접어 두는 편이 좋다.

◆소비자가 진짜 듣고 싶은 말

'저 사람이라면 믿을 수 있어.' '저 회사의 상품이라면 무조건 믿어도 돼.'
   소비자 신뢰는 상품의 질과 세일즈의 성실함으로 인해 판매 후 생겨나는 것이지, 화려한 언변이나 재치로 만들어지는 것이 아니다. 하지만 많은 세일즈맨들이 자신이 상대방을 설득하지 못해서, 화술이 완벽하지 않아서 성과를 내지 못한다고 생각한다. 그러나 화려한 언변으로 설득을 이끌어낼 수 있다는 생각은 대단한 착각이다. 실제로 세일즈를 하는 사람들은 스피치를 좀 더 잘하고 싶어 한다. 내 수업을 듣는 사람들 중에도 세일즈업 종사자가 적지 않다. 그런데 참 의아한 것은 말을 화려하게 잘하는 사람일수록 의외로 성과가 만족스럽지 않다는 것이다. 분명 말을 잘했고, 사람들의 호응도 좋았다. 사람들을 나의 놀라운 스피치 능력으로 홀린 것 같아 스스로도 자랑스럽다. 그런데 왜 성과가 나오지 않을까?

정말 성과를 내고 싶다면 본인이 하고 싶은 말이 아니라 소비자가 듣고 싶은 말을 해야 한다. 그게 세일즈의 핵심이다. 그렇다면 소비자가 진짜 듣고 싶어 하는 것은 무엇일까?

'이 제품을 구입했을 때 실제로 나에게 어떤 이득(Benefit)이 있을까?'
'이 제품을 사기 전과 후, 내 삶은 얼마나 변화(Change)할까?'

이 두 가지 질문에 충실해야 한다. 소비자는 이 제품을 구입한 후 본인이 생각했던 기대치보다 훨씬 더 큰 만족을 주었을 때 '이 회사가 이 제품 하나를 만들기 위해 많이 노력했나 보다.'라고 판단하는 것이다. 진정한 평가는 항상 판매 후에 이뤄지기 마련이다. 회사가 자화자찬하거나 광고한다고 알아주는 것이 아니다.

대학교 휴학 이후 한때 연극의 조명 스텝으로 일한 적이 있다. 내가 맡은 일은 배우보다 무대를 먼저 보고 다양한 각도에서 배우가 아름답게 비춰질 수 있도록 돕는 일이었다. 많은 시간 무대 위의 배우를 돋보이게 하기 위해 고민했지만 단 한 번도 무대 위에 올라간 적이 없다. 내 고민은 내가 아니라 배우 그 자체였기 때문이다.

세일즈도 이와 다르지 않다. 소비자는 무대 속의 주인공이고 세일즈맨은 조명감독이다. 소비자는 자신이 세상의 중심이라고 생각하고 자신을 위한, 자신만의 조명 장치를 해주기 바란다. 다시 말하지만 세일즈맨은 연극배우가 아니라 무대 뒤의 스태프이다. 그 어떤 스태프도 무대에 올라가 자신이 얼마나 노력했으며, 그것이 얼마나 효과적이었는지 설파하지 않는다.

◇ 상대방의 언어 스타일에 동조하라

고객들 중에는 말이 유달리 느리고 어눌한 사람이 있다. 혹은 목소리가 너무 작거나 가는 사람도 있다. 보통 상대의 화술이 부족할 때, 좀 더 나은 화법으로 상대를 제압하려고 한다. 하지만 소비자와 판매자 사이에선 이런 강자와 약자의 관계가 어울리지 않는다. 소비자를 설득하려면 그들과 눈높이를 맞추고, 그들의 언어와 닮은 언어를 구사해야 한다. 사람들은 자신과 유사한 사람을 만났을 때 공감하며 호감을 표하기 때문이다.

내가 아는 '영업의 달인'이 있다. 이 분은 세일즈 업계에서 손꼽히는 매출을 자랑하시는 분인데 특이한 점은 상대가 누구냐에 따라 화술이 변화무쌍하다는 것이다. 전라도 사람을 만나면 정감 있고 구수한 전라도 사투리로, 경상도 사람을 만나면 화끈한 경상도 사투리로 즐겁게 대화를 나눈다. 이 뿐만 아니다. 상대방이 어린 학생일 경우에는 그들이 좋아하는 연예인의 성대모사까지 하며 가까워지려고 노력한다. 반대로 나이 드신 분들을 상대할 때는 역동적인 스피치 대신 소리를 낮추고 천천히 말함으로써 그 분들의 언어와 유사해지도록 한다. 상대가 누구든 그에겐 별 문제가 되지 않는다. 오히려 상대에 따라 다른 언어를 구사하는 것을 즐기는 듯했다. 아마 외계인을 만나 대화를 해도 싱크로율이 높을 것 같다. 그는 짧은 기간 내에 많은 고객을 확보한 영업계의 살아있는 전설이며 후배들이 벤치마킹하는 세일즈맨이 되었다. 그의 별명은 짐작대로 '카멜레온'이다.

안타깝게도 판매 현장에 가면 억지로 외운 듯한 천편일률적인 말로 소비자를 응대하는 경우가 많다. 당신은 기계적인 스피치를 하는 편인가, 아니면 변화무쌍하게 옷을 갈아입는 스피치를 하는 편인가. 호감과 공감을 얻고자 한다면 선택은 후자다.

✧ 내 편을 만드는 열쇠 '바이인'

"아, 뻔하네. 내 호주머니에서 돈 빼갈려고 왔구먼."

소비자가 이렇게 생각하는 순간 세일즈는 끝이다. 세일즈라는 것을 인식하지 못하도록 다가가야 한다. 마크 고울스톤은 『뱀의 뇌에게 말을 걸지 말아라』에서 사람이 설득되는 과정이 다음과 같다고 말한다.

저항 – 경청 – 생각 – 실행 의지 – 실행 – 만족과 지속

모든 이는 상대방의 말을 듣기 전에 상대방에 대한 저항감과 상대의 이야기에 귀기울여 듣지 않으려는 일종의 반항심이 있다. 이성이 있는 사람이라면 모두 갖고 있는 심리 기전이며, 불특정 다수에게 속아넘어가지 않게 해주는 방어막의 역할을 한다. 만약 소비자가 이런 저항감을 갖고 당신의 말을 듣는다면 당신은 절대 판매에 성공할 수 없다. 이미 저항감으로 마음을 닫거나 감정이 상한 고객에게 무언가를 계속 이야기하며 설득하려고 해봐야 통하지 않는다. 그 저항을 넘어서야 당신의 말을 '경청'하도록 할 수 있다.

먼저 판매하고자 하는 상품에 대한 불신이 있거나 소비자의 마음이 닫혀 있을 때 그 견고한 문을 열기 위해 노력하는 것이 필요하다. 하지만 그 과정은 순탄치 않을 것이다. 마크 고울스톤은 상대의 말에 처음에는 '저항'을 하다가 '경청'하게 되고, '생각'하게 된다고 말한다. 설득은 '경청'

단계로 가느냐 마느냐에 달려 있다. 상대방이 경청한다면 당신의 말에 절반 이상 신뢰를 느끼는 것이다. 이것을 '바이인(buy in)'이라고 한다.

고객이 머뭇거릴 때 대부분의 세일즈맨은 더욱 더 힘주어 말한다. 그리고 논리를 앞세워 이 상품이 정말 당신에게 필요할 것이라고 침 튀기며 말한다. 하지만 소비자가 마음의 문을 닫았다면 세일즈맨이 무슨 얘기를 해도 다 부질없다. 문제는 그럴수록 세일즈맨은 더 논리적인 말로 강하게 밀어붙이려 하고, 설득이라는 목표는 점점 더 멀어진다는 점이다. 사실 진짜 필요한 것은 세일즈맨의 '좀 더 완벽한 논리'가 아니라, 소비자의 방어막을 양파껍질 벗기듯 하나씩 제거하는 것이다.

어떤 물건을 사려는 의지를 갖고 있는 소비자라 하더라도 판매자에 대한 '불신'과 '경계'를 동시에 갖고 있다. 이는 매우 자연스럽고 바람직한 행동이며 합리적인 소비가 늘어나고 있다는 증거다.

예를 들어 한 여름 더위에 지친 소비자가 에어컨을 사려고 제발로 전자상가에 갔다고 가정해보자. 그런 상황에서도 소비자는 판매원에게 호의적이지 않다. 설사 웃고 있다 하더라도, 그것은 거짓의 웃음이거나 그저 표정만 웃고 있는 '가면의 상태'다. 소비자는 속으로 끊임없이 비교하고 평가하고 의심하고 있는 것이다.

'이 사람이 나에게 거짓말을 하면 어쩌지?' '내가 만만하게 보여서 더 비싸게 사는 건 아니겠지?' 이런 생각이 꼬리에 꼬리를 문다. 문제는 상대방이 당신을 끝까지 세일즈맨으로 인식하느냐, 아니면 자신의 경계 태세를 스스로 풀어버리느냐이다.

최근 주택으로 이사하면서 아내와 함께 집근처 전자상가를 방문한 적이 있다. 우리는 에어컨에 대해 이미 잘 알고 있었고 크게 문제가 되지 않는다면 당장이라도 설치를 할 계획이었다. 쉽게 말해 '저항' 단계 없이 '경청' 단계부터 시작되었다고 볼 수 있다. 하지만 결론부터 말하자면 우리 부부는 오히려 '저항'의 단계로 되돌아가게 되었다. 에너지효율 5등급인 저렴한 제품과 1등급이지만 가격은 두 배 이상 차이 나는 제품 사이에서 잠시 갈등하던 중, 판매원의 이런 얘기를 들었기 때문이다.

"고객님. 에너지 효율이 1등급이라서 조금 비싼 겁니다. 옆의 제품은 저렴한 대신 5등급이라 전기요금이 엄청 나와요. 저렴한 제품 써서 전기요금 많이 나오느니 좀 비싼 것 사고 전기료 아끼는 편이 훨씬 나아요. 요즘엔 다 이 제품 쓰니까 결정하세요."

이 분은 처음부터 끝까지 세일즈맨의 입장에서 객관적으로 이야기했다. 설령 그 말이 사실이다 하더라도 나에게는 오히려 '바이인' 하게 만드는 것이 아니라 '경청'에서 '저항'으로 되돌아가게 만들었다. 소비자의 입장을 공감해주지 못했기 때문이다. 그는 시종일관 자신을 판매자로, 나를 손님으로 인식했다. 만약 내가 그 판매원이었다면 상대의 입장을 고려해 같은 이야기라도 조금 다르게 표현했을 것이다.

"아, 고민하시는 게 이해가 됩니다. 요즘 에어컨 비싸잖아요. 저도 작년까진 그냥 선풍기 썼는데 이번에 이사 가면서 에어컨 장만했어요. 이 제품이 맘에 들긴 한데 솔직히 좀 비싸서 한동안 망설이다가 직원 할인으로 샀습니다. 저도 할인 못 받았으면 안 샀을 거예요. 근데 써보니까 전기요금이 확실히 적게 나오더라고요. 한여름에 하루 종일 켜놨는데도, 몇 만원 안 나왔어요. 가전제품은 좀 비싸더라도 효율이 좋은 걸 사는 게 나은 것 같아요."

만일 그때 판매원이 이렇게 얘기했다면 난 두말 않고 에어컨을 구입했을 것이다. 우린 이미 강요하지 않아도 스스로 지갑을 열 준비가 되어 있었으니까. 소비자는 판매원을 적으로 생각하고 경계하기 마련이다. 그런데 어느 순간 판매원이 '나도 역시 당신과 같은 소비자'라는 인식을 심어줌으로써 그 경계가 모호해지는 것이다. 그래서 소비자는 판매원과 같은 입장에서 '경청'하고 '생각'하게 된다.

얼마 전 지인이 사고를 당해서 보험회사에 연락을 취한 적이 있는데 상담원이 그 상황에 대한 공감 없이 아주 건조하고 사무적인 매뉴얼로만 대해서 약간 불쾌한 감정을 느낀 경험이 있다고 말한 적이 있다.

"저, 제가 이번에 사고를 심하게 당해가지고요. 허리가 많이 아프네요. 병원에 입원을 해야 할지도 모르겠고요. 제가 이런 일이 처음이라……"

"네, 반갑습니다. 고객님. 우선 주민번호 끝자리와 우물 정자 눌러주시고요, 잠시만 기다려주세요."

시종일관 건조하게 자신의 업무를 처리하던 상담원은 보상금액 공지가 끝난 후, '무늬만 친절한' 훈련되고 상투적인 인사를 하며 전화를 끊었다고 한다. 자신의 입장을 공감해주고 한 마디라도 고객의 입장이 되어서 말했다면 친구는 기분도 상하지 않고 오히려 감사하는 마음을 가졌을 것이다. 하지만 그 친구는 식당에서 그 보험사의 광고만 봐도 "저렇게 고객을 사랑한다고 말하지만 저거 다 거짓말이야."라고 동료들에게 말하곤 했다.

만약 그때 당시 상담원이 조금만 더 공감하는 자세로 친구의 입장에 대해서 들어주었다면 그는 보험회사를 바꿀 생각을 하지 않았을 것이다. 최근 그는 그 보험사와의 계약기간이 종료되자 타사의 보험으로 갈아탔다.

우리는 합리적 소비자가 합리적 판단에 따라 합리적 구매를 할 것이라고 기대하지만 사실은 그렇지 못하다. 결국 모든 판매는 소비자의 마음에 '바이인' 하느냐 못 하느냐에 달려 있다. 아무리 좋은 상품과 서비스, 저렴한 가격이라 할지라도 소비자가 저항한다면 판매할 수 없다. 이 말을 뒤집으면, 조금은 부족한 상품이라 할지라도 소비자의 마음에 '바이인' 하면 소비자는 그 상품을 구매할 수 있다는 얘기가 된다. 사람의 마음은 논리로 움직이지 않는다. 보이지도 않고 설명조차 할 수 없는 '감정'이라는 녀석이 사람의 마음을 뒤흔들기 마련이다.

Speech point 상품의 킬링 포인트(Killing Point)를 찾아라

나는 어릴 적 프로 레슬링을 좋아했는데, 당시 가장 유명했던 모 레슬러는 자신의 '필살기'를 사용하기 전에 화려한 퍼포먼스를 했다. 그러면 약속이나 한 듯 상대 선수는 KO를 당했다. 킬링 포인트는 말 그대로 죽이는 한마디, 필살기다. 당신이 세일즈맨이라면 당신 상품의 킬링 포인트(Killing Point), 필살기가 무엇인지 고민해야 한다. 이 상품이 다른 상품과 차별되는 것은 무엇인지, 소비자가 굳이 이 상품을 사야 할 이유가 무엇인지, 소비자를 KO시켜 지갑에서 현금이 나오게 하는 방법은 무언인지 연구해야 하는 것이다. 그런 치열한 노력 없이 수많은 제품 속에서 당신의 제품이 팔릴 것이라는 믿음은 너무 막연한 기대가 아닐까.

소비자가 왕이라는 말은 이미 사실이 되었다. 저렴하고 좋은 제품의 홍수 속에서 가격비교까지 해가며 구입할 권리를 행사하고 있는 것이다. 소비자가 어떤 제품을 사려고 목을 빼고 기다리는 경우는 거의 없다. 그래서 프로 레슬러처럼 소비자를 KO시킬 킬링 포인트가 필요하다. 경쟁 상품과 차별화 되는 '절대 강점', 그리고 소비자가 이 상품을 선택하도록 만드는 마지막 한마디, 그것이 바로 '킬링 포인트'다.

*소비자가 이 상품을 놓쳤을 때의 상황을 어필하라!
소비자가 하나의 상품을 선택했다는 것은 다른 상품들을 포기하는 것과 마찬가지다. 당신의 상품을 선택했을 때 누릴 수 있는 이익은 물론, 선택하지 않았을 경우 받을 피해와 불편을 어필하는 것이 필요하다.

*절대 강점을 말하라!
가격과 제품의 성능으로는 부족하다. 이 상품을 대체할 수 있는 무엇이 있다면 바로 소비자의 구매 순위권에서 밀려난다는 점을 명심하라. 당신의 상품만이 갖고 있는 '절대 강점'을 찾아야 한다.

"당신의 키워드를 찾아라.
당신의 말로 세상을 움직여라"

Chapter 4

세상에 당신의 명언을 남기는 방법

당신의 필러는
무엇인가?

◆ **그런데는 뭐가 그런데요?**

지난겨울 강연 후 늦은 점심을 먹으러 지인과 함께 한 식당에 들어갔다. 쌀쌀한 날씨라 바닥이 따뜻한 곳이 어디인지 주인아주머니께 여쭤보았다.

"사장님, 어느 쪽 바닥이 따뜻한가요?"
"여긴 다 따뜻한데요?"

맞다. 그 식당의 바닥은 다 따뜻했다. 근데 왠지 기분이 그리 좋지 않았다. 혹 불필요한 질문을 한 것 같아 미안할 정도였다. 다 따뜻한데 왜 물어보는지 불만인 듯 보였다.

얼마 뒤 식사가 나오고 배가 고파 허겁지겁 식사를 다 마친 후, 후식으로 믹스커피를 먹고 싶었다. 그래서 다시금 주인아주머니께 여쭤 보았다.

"커피는 어디 있나요?"
"저기서 직접 타 드시는 건데요?"

소심한 나는 커피를 타면서 내가 괜히 점심시간이 아닌 다른 시간에 와서 귀찮게 한 건가 생각했다. 하지만 그 생각은 다행히도 혼자만의 착각이었다. 주인아주머니는 오는 손님이 질문할 때마다 습관적으로 말끝마다 "~하는데요?"를 붙였다.

"저희 집 음식은 다 맛있는데요?"
"추어탕이 원래 몸에 좋은데요?"
"카드도 상관없는데요?"

주인아주머니는 선한 표정과 웃음으로 손님을 맞이하고 있었지만, 손님들은 왠지 찝찝한 표정을 지으며 나갔다. 알고 보면 착하고 친절한 사람을 이렇게 불친절한 나쁜 사장으로 만든 녀석은 누구일까? 주범은 바로 아주머니의 입에 붙은 "~그런데요?"라는 습관적 필러였다.

◆ 당신을 아마추어로 보이게 하는 습관어

최근 한 중년 여성 CEO의 전화를 받은 적이 있다. 자신은 회사 동료들과 대화도 잘하고, 지인들과 수다도 잘 떠는 편인데 이상하게 고객만 만나면 커뮤니케이션이 원활하게 되지 않는다고 했다. 회사 내부에서는 자신에게 문제가 있다는 것을 몰랐는데, 외부에서 처음 보는 클라이언트와 직접 상담을 하면 좋지 않은 피드백을 자주 받는다는 것이다. 그녀는 점차 클라이언트와의 상담에 자신감을 잃었고 중요한 계약일 경우 상무가 대신 일을 처리한다고 했다. 하지만 언제까지나 문제를 회피할 수 없어 컨설팅을 받기로 결정한 것이다.

우선 그녀를 직접 만나기로 했다. 그녀와 1시간 정도 대화를 나눴지만 정확히 어떤 부분이 문제가 되는지 파악하지 못했다.

"대표님, 혹시 휴대폰으로 지인과의 대화와 고객과의 대화 각각을 녹음해 오실 수 있나요? 일주일 후에 녹음 파일을 같이 들으면서 말씀을 나누는 게 좋을 것 같습니다."

일주일 후 2개의 음성 파일을 이메일로 받았다. 첫 번째 파일은 평소 지인들과의 대화였다. 아주 쾌활하면서 분위기를 리드하는 대화였다. 친구들은 그녀의 이야기를 귀기울여 들었고, 적재적소에 위트 있는 멘트를 사용해 분위기는 한창 고조되었다. 분명 좌중을 압도할 만한 높은 수준의 스피치였다. 문제는 없어 보였다.

그 다음 고객과의 대화 파일을 듣게 되었다. 그런데 웬일인가. 조금 전까지와는 정반대로 불분명한 발음과 떨리는 음성이 녹음 파일 곳곳에서 발견되었다. 전체적으로 소극적이고 침체된 분위기였다. 그녀는 마치 선생님께 혼나는 학생 같았다. 그런데 진짜 문제는 다른 곳에 있었다. 그녀가 아무 의미 없이 습관적으로 하는 말들이었다.

"아, 이번에 제가, 아, 저희 회사가 아, 신규로 판매하게 될 제품이 저는 아……"

"아", "저는"의 반복이 원활한 대화의 흐름을 방해했고, 일에 미숙한 어린아이처럼 느껴지게 했다. 바로 이 점 때문에 상대방은 그녀와의 상담 후 뭔가 프로답지 않음을 느꼈던 것이다.

"대표님, 혹시 클라이언트와의 만남 전에 어떤 준비를 하시는지 여쭤보아도 될까요?"

"네, 아무래도 저희 회사 입장에서는 중요한 미팅이다 보니 준비하는 시간을 많이 갖는 편이죠. 어떤 때는 고객의 정보를 달달 외우려고 종이에 쓰기도 합니다. 마치 시험 보는 학생의 마음으로요."

"바로 그게 문제네요."

"네?"

그녀는 평소 지인들과의 대화에서는 편안하게 자신의 의견을 얘기하고, 친구들의 이야기를 들어주는 여유가 있었다. 하지만 클라이언트와의 미팅에서는 여유가 없고, 자신이 알고 있었던 정보를 꺼내 쓰기 바빴기 때문에 상대방이 예상치 못한 질문을 할 때는 당황하며 '얼음'이 되었던 것이다. 마치 시험을 보는 학생처럼 긴장하고 있었던 것이다.

나는 그녀가 고객과의 상담에서 번번이 실패하다 보니 그 트라우마가 깊어져 이젠 미팅 자체가 부담이 되었고, 그래서 습관어를 남발하게 된 것이라 판단했다. 우리는 일주일에 한두 번 정도 개인적인 수업을 진행하며 평소 언어습관을 점검하였고 고객과의 대화 내용을 거듭 녹음해 들으며 조금씩 문제점을 개선하기 시작했다. 그 결과, 석 달 후 그녀는 전혀 다른 사람이 되었다. 필요 없는 필러를 도려내자 원만하고 능숙하게 자신의 스피치 능력을 최대치로 끌어올어 이제는 그 어떤 이와 만나도 자연스럽고 유쾌하게 대화할 수 있었다. 그리고 그것은 직접적인 성과로 나타났다.

이처럼 습관적인 필러는 안 좋은 이미지를 주게 마련이다. 그런데 의외로 '말로 먹고 사는' 전문 컨설턴트나 교수, 강사, 많은 정치인들과 목회자들, 고객을 접점에서 만나는 수많은 전문직 종사자들이 필러를 '밥 먹듯' 쓰는 경우를 많이 본다. 필러 때문에 본래 자신의 능력보다 낮은 평가를 받는 것을 보면 참으로 안타깝다. 스피치를 잘하고 싶다면, 습관적으로 쓰는 불필요한 언어를 도려내자.

✧ '필러'로 채우지 말고 콘텐츠로 채우자

미에 대한 가치가 높아지고 동안이 대세인 요즘, 볼살을 통통하게 만들기 위해 성형외과를 방문하는 이들이 많다. 볼이 꺼져 있거나, 코 옆 부분에 팔자주름이 깊은 사람들은 동안을 유지하기 위해 필러(Filler)를 시술받는다. 이처럼 필러는 공백을 채우기 위한 역할을 한다.

그렇다면 왜 습관적인 언어를 필러라고 할까? 성형수술에서 필러로 공백을 메우듯 습관어 역시 스피치상의 원활함을 유지하기 위해 사용하기 때문이다. 하지만 필러는 말하고자 하는 내용과는 직접적인 관련이 없는 그저 하나의 습관일 뿐이기에 스피치에서 도려내야 할 군더더기이다.

이런 필러를 쓰는 이유는 무엇일까? 사람들은 흔히 쉴 새 없이 말하는 것을 스피치를 잘한다고 착각한다. 그래서 약간의 공백이 발생하면 어쩔 줄 몰라 한다. 그 공백을 콘텐츠(Contents)로 채우는 것이 아니라 의미 없는 필러로 채우는 것이다. 또 필러는 콘텐츠를 준비하는 시간을 벌어주기도 한다. 남들은 모를 것이라 생각하지만 전문 스피커들은 한눈에 "저 사람이 할 말이 없어서 시간을 버는구나."라고 알아차린다.

대표적인 필러 유형은 아래와 같다.

① **과거 부정형 필러 "사실, 솔직히 말해서, 진짜로"**

지금까지의 말은 사실이 아니었고 앞으로의 말만 신뢰할 수 있다고 스스로 밝히는 '과거부정형 필러'다. '솔직히'를 남발하게 되면 화자의 신뢰성에 의심이 가고 결국 그 사람이 사기꾼처럼 느껴지게 만든다. 특히 이 필러는 판매를 하는 사람들이 많이 사용하는데, 오히려 긍정적인 인식을 심어주는 데 방해가 된다.

② MC형 필러 "음, 어, 네"

행사를 진행하는 사회자들이 많이 쓰는 필러다. 스피치 중간 중간 어색한 침묵을 자신의 언어로 메우려 할 때 발생한다. 특히 "네, 네"의 자문자답 스피치는 입에 붙은 반사적 행동이며 자주 쓰게 될 경우 스피커의 공신력을 급감시킨다.

③ 과대포장형 필러 "예컨대, 예를 들면, 실제로, 가령"

이는 남들 앞에서 좀 더 멋진, 프로페셔널한 이미지를 갖고 싶은 사람들이 많이 쓰는 필러다. '예컨대'라는 말은 실제 사례를 들며 논리적 타당성을 지지할 때 쓰는 말이지만, 필러로 사용하는 사람들은 실제 예를 들지 않으면서도 이 말을 쓴다. 결국 다음 이야기를 기대했던 청중들은 허무할 수밖에 없다.

④ 무의미형 필러 "이제, 저기, 뭐냐, 뭐래, 거시기"

아마도 한국인들이 가장 많이 쓰는 필러 중 하나일 것이다. '이제'는 지금(Now)이라는 뜻을 가지고 있는데 실제로 '지금'이라는 의미보다는 그저 의미 없이 사용되는 경우가 많다. 그 외에도 "저기, 뭐냐, 뭐래, 거

시기" 등이 의미 없이 사용된다.

⑤ 유아독존형 필러 "나는, 내가, 저는요"
주체인 나를 강조하는 필러다. 한 문장에서 필요 이상으로 '나'를 강조하게 되면 청자는 함께 대화한다는 느낌보다 화자가 주체가 되어 일방적으로 얘기한다고 느끼기 쉽다. 대화에서 유대를 느낄 수 있도록 하려면 "나" 대신 "우리"라는 단어를 쓰는 것이 바람직하다.

⑥ 부정형 필러 "~데요."
"~한데요.", "~인데요."는 그러나(But)의 의미를 가지고 있는 부정형 필러이다. 말끝마다 "~데요."라고 말한다면 어느 순간 주위에 사람이 없어지는 신기한 경험을 하게 될 것이다. 부정형 필러는 상대에게 차가운 거절감과 냉소적인 이미지를 동시에 안겨주기 때문이다.

✧ 예쁜 말에는 필러가 적게 들어간다

동안이 각광받는 요즘, 필러는 누구나 사용할 수 있는 기호품으로 인식되고 있다. 하지만 필러를 자주 맞은 사람은 왠지 웃을 때 어딘지 모르게 어색하다. 스피치 역시 필러를 너무 남발하면 사람들이 부자연스럽게 느낀다. 성형이든 스피치든 본래의 모습을 온전히 보여주고 꾸미지 않은 담백한 모습을 보일 때가 가장 매끄럽고 자연스럽다.

대부분의 사람들은 지인과의 대화에 부담을 갖지 않는다. 농담도 잘 하고, 나름 친구들 사이에서는 '개그맨' 정도의 뛰어난 재치를 발휘한다고 자랑한다. 그러나 문제는 고객을 만나거나 다수의 사람들 가운데 섰을 때, 평소의 스피치를 구사할 수 없다는 것이다. 모두가 퍼블릭 스피치(Public Speech)를 어려워한다.

보통 재치 있는 위트와 유머는 자연스럽고 편할 때 나온다. 혹 내가 실언을 하더라도 큰 위험이 따르지 않는 일상적인 대화에서 최고의 '재치꾼'이 되는 것이다. 하지만 아무리 재치 있는 사람일지라도 자신의 언어습관을 이해하지 못하는 전혀 새로운 상대방을 만났을 때는 당황하게 된다. 만약 이 지점에서 당황하지 않는다면 '프로 스피커'가 되는 것이다.

겨울철 스키장에서, 능숙한 스노우보더는 절대 몸에 힘을 준 상태에서 타지 않는다. 상체는 최대한 긴장을 풀고 하체는 필요할 때만 힘이 들어가게 해 유연하고 자연스럽게 몸을 움직인다. 스피치도 마찬가지다. 가장 프로다운 스피치를 하고 싶다면 오히려 나의 가장 아마추어스러운, 본연의 자연스러운 모습을 연상하자. 여유와 적절한 질서가 몸과 마음에 배어 있을 때, 그리고 불필요한 필러가 제거되었을 때 당신은 박수 받는 스피치를 할 수 있을 것이다.

Speech point 다음 말이 생각나지 않을 때, 최상의 꼼수

아무리 전문 강사라 할지라도 컴퓨터같이 모든 원고를 달달 외워서 스피치 할 수는 없다. 때로는 다음 말이 생각나지 않을 수도 있고 앞뒤가 혼동될 수도 있다. 하지만 프로와 아마추어의 차이는 그 상황에서 겁먹고 당황하느냐, 아니면 그 위기를 들키지 않고 잘 넘기느냐에 있다.

나도 강연을 하다 보면 갑자기 말이 막히는 순간이 종종 있다. 하지만 언제나 당황하지 않고 넘길 수 있었다. 청중에게 들키지 않는 방법, 지금껏 누구도 눈치 채지 못한 방법을 썼기 때문이다.

다음 말이 기억나지 않을 때 나는 '그, 저, 에'를 쓰지 않고 엿가락처럼 단어를 늘린다.

예컨대 "저는 천호림이라는 사람입니다."라는 문장 뒤의 말이 떠오르지 않는다면 "저는천호림이라는사람입니다."라고 쉴 새 없이 빨리 말하지 않고 "저어는……처언호오리임……이라는……사아라암입니다."라고 엿가락처럼 늘여준다.

혹자는 이렇게 말을 엿가락처럼 늘이면 스피치가 부자연스럽고 늘어지지 않을까 걱정하지만, 직접 그 음성을 녹음해보면 오히려 또박또박 단어를 발음하려 노력하는 것처럼 들리는 것을 알 수 있다. 이 방법은 퍼블릭 스피커로서 공신력을 낮추지 않으면서 뒤의 말을 준비하는 시간을 확보하기에 아주 좋은 나만의 꼼수(?)다. 여러분들도 한 번 해보시길!

02

당신만의 키워드를 찾아라

◇ **공자 왈, 맹자 왈, 스티브 잡스 왈…… 그건 그 사람들 말이고!**

최근 한 조찬 모임에서 한 회장님의 스피치를 들었다.

"안녕하세요. OO산업 대표 OOO입니다. 이런 자리에 서게 되니 참으로 영광스럽습니다. 제가 하고 싶은 말은 공자님이 하신 말씀과 연관되어 있습니다. 공자님께서는 이런 말씀을 하셨습니다……(중략)…… 또한 최근 작고한 스티브 잡스는 한 대학교 졸업 연설에서 "Stay hungry, Stay foolish."라고 했습니다. 저희 업계가 불황인 이 시기에 우리는 포기하지 않고, 스티브 잡스의 말처럼 우직하고 갈급한 마음으로 나아가야 하겠습니다. 사자성어에 우공이산이란 말이 있듯 한 가지 일을 끝까지 밀고 나가면 언젠가는 우리에게 밝은 빛이 올 것이라 생각합니다 ……(중략)……작년과 올해 서점가를 뜨겁게 달군 베스트셀러『아프니까 청춘이다』에는 우리의 삶을 24시간으로 비유하고 있습니다. 제가 직접 계산해보니 저는 겨우 3시 36분밖에 되지 않았더라고요. 여러분들의 시간은 몇 시입니까?"

  그 10분도 안 되는 짧은 스피치에 대부분의 청중들은 연락도 안 오는 스마트폰을 만지작거리거나 옆 사람과 잡담을 하고 하품을 연발했다. 그가 하는 말은 뉴스와 신문을 통해 익히 들어본 유명 인사들의 명언 짜깁기였기 때문이다. 새벽잠을 설치며 어렵게 나온 조찬모임인데, 그것도 많은 사람들의 시간을 빼앗는 무대 위 연사가 새로운 정보와 메시지로 청중들의 잠을 깨워주기는커녕 오히려 평소 알고 있던 내용을 반복하니 지루할 수밖에 없다. 그 후 몇몇 사람들은 크게 실망했는지 자리를 떴다.

  이렇게 우리 주변에 '짬뽕 스피치'를 하는 사람은 너무나 많다. 유명한 사람들의 명언을 전부 짜깁기해 펼쳐 놓고, 마치 자신의 '통찰'인듯 말하는 사람 말이다. '유명하신 분'의 이야기는 말 그대로 유명하신 '그 분의 이야기'이지 내 이야기가 아니다. 의외로 사람들은 무대 위 연사의 소소하고 일상적인 이야기를 듣고 싶어 한다. 5분만 인터넷을 뒤지면 쉽게 찾을 수 있는 '오프라 윈프리, 스티브 잡스, 버락 오바마, 처칠, 워렌 버핏, 공자, 맹자'의 이야기를 듣고 싶어 하지 않는 것이다.

◆ '짬뽕 스피치'를 하는 이유

그렇다면 왜 사람들은 그토록 자주 인용문을 남발할까? 일단 수집이 간편하고 준비가 거창하지 않다. 이전에 없었던 새로운 이야기를 만들어 내는 것은 굉장히 어려운 일이다. 달리 말해 새로운 '통찰의 메시지'를 만드는 것은 너무나 힘들고 시간이 많이 필요하다. 대신 기존에 있었던 프레임에 약간의 변형을 주어 메시지를 준비하는 것은 비교적 간편하다. 또한 언제든지 인터넷 서핑 몇 분이면 쉽게 찾아 쓸 수 있기 때문에 적은 시간에도 원고를 준비할 수 있는 방법이다.

인용을 하면 유명인의 권력을 대리 사용할 수도 있다. 같은 이야기도 코흘리개 초등학생이 말하는 것과 연세가 지긋한 교수님이 얘기하는 것은 무게감이 전혀 다르다. 청중들은 유명인이 한 말에 대해 경의와 존경을 표한다. 이를 내가 대신하게 되면 메시지에 권력의 힘을 부여받게 되어 좀 더 쉽게 청중을 설득할 수 있다.

또 유명인의 이야기에는 사용료가 없다. 그래서 모두가 알고 있는 사람들의 말은 내가 함부로 사용해도 뭐라 하는 이가 없다. 하지만 유명인의 명언을 마구잡이로 사용하는 것은 콘텐츠에 대한 명백한 무임승차다. 법적으론 문제가 되지 않겠지만 스피커로서 바람직한 자세는 아니다.

인용문은 가급적 사용하지 않는 것이 좋다. 혹시 어쩔 수 없이 사용해야 한다면 그것은 내가 말한 콘텐츠를 약간 뒷받침하는 정도여야 한다. 남의 말을 내가 한 말처럼 쓴다는 것은 내 콘텐츠에 별다른 힘이 없다는 것을 간접적으로 드러낼 뿐이다. 또한 스피치 준비가 부실하다는 인상을 주기 십상이어서 득보다 실이 많다.

◇ 당신을 대표하는 키워드가 있는가?

최근 취업 포털 '잡코리아'는 전국 남녀 직장인 398명을 대상으로 '예상 수명과 노후 준비'에 대한 설문조사를 했다.

예상 수명과 퇴직 연령이 몇 세인지 질문한 결과 평균 예상 수명은 81.3세, 퇴직 연령은 56.6세였다. 은퇴 연령과 수명 사이에는 24.7년이라는 갭이 있었던 것이다. 그렇다면 직장인들은 은퇴 후 20여 년의 시간 동안 무슨 수단으로 살아가려고 계획하고 있을까? 설문 결과는 저축(54.8%), 국민연금(45.5%), 개인연금 및 보험금(44.7%) 순으로 나타났다. 이외에도 아르바이트(19.1%), 정부 보조금(7.3%) 등이 있었다. 이 조사 결과는 대부분의 직장인들이 퇴직 후 마땅한 대책이 없다는 것을 보여준다.

'평생직장,' '평생직업'이라는 단어가 사실상 의미가 없어진 시대이다. 의학적으로는 100세, 120세도 살 수 있는 시대가 왔고, 보통 사람들은 최소 5번 이상의 이직을 경험하고 직업도 5~6개를 경험하게 된다고 한다.

최근 베이비부머들은 50대에 퇴직한 직후 자영업에 뛰어든다. 그들이 실패할 확률은 자그마치 70%가 넘는다. 이 같은 사회적 현상에는 여러 요인이 복합적으로 작용하지만, 스피치 전문가로서 가장 큰 개인적 문제로 꼽을 수 있는 것이 '키워드'의 부재다. 자신만의 '키워드'에 대한 고민이 부족한 것이다.

자신의 색깔과 키워드 없이 몰려다니는 것은 위험하다. PC방이 잘 된다 하면 우루루 PC방을 열고, 샤브샤브집이 유행하면 또 우후죽순으로 창업하는 것이다. 결국 시간이 지나면 이러한 가게들은 점차 거리에서 사라지고 관련 사업이 시장에서 공멸하게 된다.

하지만 똑같은 해물탕집이라고 해도 다른 가게와 남다른 키워드가 있다면 같은 업종의 식당이 아무리 많더라도 걱정할 필요가 없다. 이것이 바로 키워드가 가진 힘이다. 당신의 키워드는 무엇인가?

✧죽기 전에 당신만의 명언 하나는 만들어라

나의 장인어른은 '성실은 그 어떤 무엇보다 아름다운 가치'라고 늘상 말씀하신다. 그것은 그분이 삶을 통해 실천해 온 '진짜 메시지'다.

장인어른께서는 새벽 6시가 되면 어김없이 마라톤을 하신다. 아내의 말에 따르면 추운 날에도, 비 오는 날에도, 눈이 무릎까지 차오른 날에도, 30년 동안 단 하루도 거른 적이 없다. 장인어른은 유머가 넘치거나 재미있는 분은 아니지만 주위 사람들은 그분을 생각하면 어김없이 '성실함,' '한결같음'이라는 키워드가 떠오른다고 한다.

최근 장인어른은 당신의 키워드로 인해 좋은 기회를 얻게 되었다. 우연찮은 기회에 한 회사로부터 주변 지인 중 '성실하고 경험 많으신 분'을 추천해 달라는 부탁이 있었는데 수많은 사람들 가운데 장인어른이 추천되었다고 한다. 그리하여 장인어른은 환갑이 넘은 나이에도 불구하고 새로운 회사에 취직하셔서 제 2의 인생을 활기차게 살고 계신다. 만약 주변에 '성실함'이라는 키워드가 장인어른보다 더 잘 어울리는 사람이 있었다면, 혹은 장인어른이 성실함의 키워드로 기억되지 않았다면 과연 그 기회를 잡을 수 있었을까. 이처럼 자신의 삶에서 하나의 키워드를 갖는다는 것은 기회를 얻는다는 말과 같다.

인터넷상의 자료를 스크랩해서 옮기는 사람을 '펌킨'이라고 한다. 타인의 자료를 스크랩한다는 '펌'의 의미와 '동료' 혹은 '네트워크'를 뜻하는 '킨'(KIN)의 합성어다. 여기서 '킨(KIN)'은 '즐기라(KIN을 옆으로 눕히면 '즐'자가 됨)'는 의미를 갖고 있는 인터넷 속어이기도 하다. 이처럼 블로그, 미니홈피 등의 매체를 통해서 '펌'을 즐기는 네티즌들의 자료 공유가 활발하게 이루어지고 있다. 이들의 커뮤니케이션을 퍼뮤니케이션(Purmmunication)이라고 한다. 당신은 남의 키워드를 실컷 인용하는 '펌킨'이 될 것인가, 아니면 오히려 당신의 키워드를 남들이 인용하는 '크리에이터'가 될 것인가?

주변 사람들은 당신에 대해 어떤 평가를 내리고 있을까? 어떤 이로부터는 긍정적인 키워드가, 다른 이로부턴 부정적인 키워드가 나올 수 있다. 하지만 명확한 것은 그 키워드가 당신이 살아온 삶의 궤적을 대변한다는 것, 당신의 모습을 말한다는 것이다. 당신을 대표하는 키워드를 타인에게 인식시켜라. 그러려면 먼저 그 키워드부터 찾아야 할 것이다. 당신만의 명언은 바로 그 키워드에서 나올 것이다. 죽은 후에 가죽은 남기지 못하더라도 당신만의 명언 하나 정도는 남겨야 하지 않겠는가.

웅변식 말하기를
당장 중단해야 하는 이유

◇ **목소리만 크다고 설득이 될까?**

태권도, 무용, 서예, 바둑…… 90년 초중반까지 대한민국 동네 곳곳에서 피아노학원 다음으로 많았던 학원은 무엇이었을까? 다름 아닌 '웅변학원'이었다. 나 역시 어머니의 적극적인 지원으로 자그마치 5년 넘게 웅변학원을 다녔다. 서울에서 잘나간다는 웅변학원 3곳을 5년간 장기 수강한 나에게 남겨진 것은 무엇이었을까. 아쉽게도 무대에 서는 것이 덜 공포스럽다는 것, 강단에 서는 것이 그렇지 않은 사람에 비해 조금 익숙하다는 것이 전부였다. 실제 내 삶에서의 말하기 습관은 고쳐지지 않은 채 수업시간엔 항상 비논리적인 말을 해대고 있었고 평소 친구와의 일상 대화는 부자연스럽고 한심스럽기 그지없었다. 한 친구는 내게 평소 말투가 너무 웅변 같다고 핀잔을 주기까지 했다.

  왜 나는 긴 시간의 훈련에도 말하기 습관이 고쳐지지 않았을까? 그러나 곰곰히 생각해보면 5년 넘게 다닌 웅변학원에서 단 한 번도 내가 말하는 원고에 대해 검토하고 분석하는 방법을 배우지 못했다. '내가 무슨 말을 하느냐'보다는 '어떻게 이야기 하느냐'를 훨씬 중요하게 여겼기 때문이다. 예를 들면 말을 하며 어떤 제스처를 써야 하는지, 어떻게 하면 목소리를 크게 낼 수 있는지, 당당하게 말을 하기 위해선 시선 처리를 어떻게 해야 하는지, 연단 뒤에서는 어떻게 서있는 것인지 등 말하는 사람의 자세와 이미지에만 집중했다. 설사 말하는 내용이 좀 부족하더라도 화자가 풍기는 이미지와 카리스마에 따라 청중들이 설득된다고 가르쳤던 것이다.

  하지만 과연 그럴까? 시대는 점점 변화한다. 우리나라는 현재 그 어느 나라보다 교육에 대한 관심이 높고 날로 교육 수준이 향상되고 있다. 굳이 높은 대학 진학률을 언급하지 않더라도, 불특정 다수의 사람들을 만나면서 청중들의 수준이 강사를 초월하는 경우를 자주 목격한다. 기관과 직장을 다니다 보면 석사와 박사 학위를 수여한 사람을 너무 쉽게 만날 수 있으며 누구나 수치나 데이터에 대한 정확한 정보를 갖고 있다. 혹 강사가 강의 중 잘못된 정보를 제공하면, 스마트폰으로 실시간 검색해 그것이 잘못되었다고 바로 지적할 정도다. 이제 더 이상 그 누구도 '앞에서 발표하는 사람이기 때문에' 존경하는 경우는 없다. 오히려 발표자가 지적하지 못했던 부분을 똑똑한 다수의 청중이 첨언해주곤 한다.

한때 유행처럼 번졌던 '웅변학원'은 지금 거의 찾아보기가 힘들다. 포털 사이트에서 검색해 보면 두세 군데 보이는 정도다. 그것도 웅변학원에서 '스피치 학원'으로 개명한 곳이 많았다. 이제 정통 웅변을 가르치는 곳은 거의 없다고 봐야 한다. 이는 우리 사회가 이미지(Image making)보다는 말의 내용(Contents, Text)에 집중하는 지식사회로 변화하고 있다는 반증이다.

✧ 스피치도 시대의 흐름에 따라 변화한다

이제는 웅변학원 대신 화법을 가르치는 스피치 학원들이 많아졌다. 전직 아나운서와 쇼핑호스트들이 스피치를 가르치는 것이다. 대중 앞에서 말하는 연습이 되어 있지 않거나 아성(兒聲)이나 사투리 등의 고민이 있는 사람들이 방송 언어를 공부함으로써 고급 스피치를 구사할 수 있다는 장점이 있다. 또한 프레젠테이션, 강의 등 오랜 시간 대중 앞에 서 왔던 이들의 방송 경험에서 나온 노하우는 여러 가지 스피치 문제를 단번에 풀어주는 '마스터 키'처럼 생각된다.

하지만 이러한 스피치 교육에도 분명 한계가 있다. 역시 표현기법만 교육하기 때문이다. 왜 그토록 많은 사람들이 이외수의 말과 글에 열광할까. 그가 정말 멋진 방송언어를 구사해서인가? 스타일리시한 복장과 매너를 갖추고 있어서? 혹은 그가 일류대학을 나오고 학벌이 뛰어나서? 모두 아니다. 그는 춘천교대를 중퇴했으며, 미안하지만 그를 처음 본 사람들은 서울역 어딘가에 있을 법한 노숙자로 오해할지 모른다. 나 역시 그를 처음 봤을 때, 왜 그토록 많은 사람들이 그에게 열광하는지 궁금했다. 그 후 나는 그의 트위터 글과 책들을 읽고 그의 말 한마디 한마디에 집중하는 '열혈 골수팬'으로 변신했다. 그의 스피치에는 세상을 읽는 '통찰'과 세상을 변화시키는 '착한 교훈'이 있었기 때문이다.

우리나라에도 이런 흐름이 점차 대중화 되고 있다. 미국의 TED를 벤치마킹 한, CBS의 '세상을 바꾸는 시간 15분'은 각계각층의 사람들이 무대에 올라 자신의 지식과 메시지를 전파한다. 다양한 보통 사람들이 가지고 있는 통찰과 메시지를 듣고 있으면 내가 한없이 작은 세상에서 아등바등 살고 있음을 느끼게 된다.

◇ 연설하지 않는 것처럼 연설해라

이제 사람들은 더 이상 웅변식 말하기에 설득되지 않는다. 목소리 큰 사람이 이기는 시대는 지났다. 가끔 퍼블릭 스피치를 하는 사람들 가운데, 대중 앞에서 하는 스피치는 일단 제스처와 목소리가 커야 한다고 말하는 사람이 있다. 물론 다수를 상대해야 되므로, 자신을 어필할 필요는 있다. 하지만 그것이 지나쳐 거북해지는 지경이 되어서는 안 된다.

내가 대학에서 연극 연기를 공부했을 때 선생님과 동료 배우들에게 가장 지적을 많이 받았던 것이 바로 '연기스러운 연기'였다. 나는 무대 위에 서면 당연히 약간은 과장되고 힘있게 연기해야 한다고 생각했다. 그래서 몸짓 하나 대사 하나를 힘주어 표현하려 했다. 하지만 대단한 착각이었다. 지도교수님은 무대에서 내려온 나에게 이런 말씀을 하셨다.

"호림아, 연기는 자연스러운 것이 최고야. 네가 그 캐릭터의 호흡과 대사, 표정과 몸짓을 하면서 생기를 불어넣어야 해. 방금 네 호흡은 자연스러운 것이 아니야. 마치 "나 여기 무대에서 연기해요!"라고 말하는 것처럼 보여. 연기는 그렇게 하는 게 아니야."

수많은 대중 앞에서 말해야 하는 정치인들의 모습도 이와 다르지 않다. 대중들은 미디어를 통해 정치인의 일거수일투족을 보고 있다. 그의 호흡과 땀구멍까지 지켜보고 있는 것이다. 하지만 우리나라 정치인들은 아직 이런 상황을 이해하지 못하는 것 같다. 더 이상 크게 말할 필요가 없는데도, 여전히 손을 높이 들며 소리를 지르고 있다. 이제는 가까이서 느끼고, 가까이서 그 사람의 말을 들을 수 있는 시대가 왔다. 더 이상 '연설스러운 연설'은 좋은 평가를 받지 못한다.

◆ 대한민국 정치인 vs 미국 정치인

미국 역대 대통령 가운데 가장 높은 수준의 스피치를 한다고 평가받는 오바마 대통령의 연설문을 보면 사람을 움직이는 힘을 느낄 수 있다. 미국 시민들은 그의 연설에 환호하고 박수치며 열광한다. 우리나라에서는 상상할 수 없는 풍경이다.

다음에 소개할 예문은 서울에서 열린 핵안보 정상회의에서 오바마 대통령이 연설한 원고이다. 이 원고는 핵 확산 방지에 대한 의지와 안전한 사용의 당부, 그리고 한미 양국의 동맹을 바탕으로 한 한반도의 긍정적 미래를 비전으로 제시하고 있다.

Three years ago, I travelled to Prague and I declared America's commitment to stopping the spread of nuclear weapons and to seeking a world without them. I said that I knew this goal would not be reached quickly, perhaps not in my lifetime. But I knew we had to begin, with concrete steps. And in your generation, I see the spirit we need in this endeavor-that optimism that beats in the hearts of so many young people around the world. It's that refusal to accept the world as it is, the imagination to see the world as it ought to be, and the courage to turn vision into reality. So today, with you, I want to take stock of our journey and chart our next steps.

3년 전 저는 프라하에서 미국이 핵무기의 확산을 저지하고 핵무기 없는 세상을 만들겠다는 선언을 했습니다. 이러한 목표는 제 생애에 쉽게 달성할 수 없겠지만 구체적인 조치로 지금 시작해야 할 일이라는 것을 알고 있다고 말했습니다. 여러분 세대에게서, 저는 이러한 노력을 위해 필요한 정신을 보게 됩니다. 전 세계 젊은이들의 심장에서 고동치는 긍정의 정신이 바로 그것입니다. 이는 핵무기를 가진 오늘날의 세상을 용인하지 않는 것, 우리가 만들어가야 할 세상을 그려보는 것, 용기를 가지고 비전을 현실로 바꾸려는 정신입니다. 그래서 오늘 여러분과 함께 우리의 여정을 되돌아보고 나아가야 할 길을 그려보고자 합니다.

The international community has made it harder than ever for terrorists to acquire nuclear materials. That's made all our nations safer. But we're under no illusions. We know that nuclear material-enough for many weapons-is still being stored without adequate protection. We know that terrorists and criminal gangs are still trying to get their hands on it. And we know that just the smallest amount of plutonium-about the size of an apple-could kill hundreds of thousands and spark a global crisis. The danger of nuclear terrorism remains one of the greatest threats to global security. So, here in Seoul, we need to keep at it. I believe we will. We're expecting more commitments-tangible, concrete actions-to secure nuclear materials and, in some cases, remove them completely. This is the serious and sustained global effort we need.

국제사회의 노력으로 그 어느 때보다 테러주의자들이 핵물질을 얻는 것이 어려워지게 되었습니다. 그러나 우리는 착각에 빠져 있지 않습니다. 우리는 많은 무기를 만들 수 있는 핵물질이 적정한 관리 없이 여전히 비축되고 있음을 알고 있으며, 테러주의자들과 범죄 집단이 여전히 핵물질을 손에 넣으려 한다는 것도 알고 있습니다. 또한 사과 한 알 정도의 플루토늄이 수십만의 인명을 살상할 수 있고 전 세계 위기를 초래할 수 있음도 알고 있습니다. 핵 테러의 위협은 여전히 국제사회의 안전을 가장 크게 위협하고 있습니다. 우리는 이곳 서울에서 계속하여 그 뜻을 이어나가야 하며 그렇게 할 것이라 믿습니다. 우리는 핵물질을 안전하게 하고 필요한 경우 완전히 제거할 수 있도록 실질적이고 구체적인 행동에 대한 약속들이 많이 나오기를 기대하고 있습니다. 이것이 우리에게 필요한 진지하고도 지속적인 국제사회의 노력입니다.

As a party to the Nuclear Nonproliferation Treaty, this is our obligation. But I believe the United States has a unique responsibility to act-indeed, a moral obligation. I say this as President of the only nation ever to use nuclear weapons. I say it as a Commander in Chief who knows that our nuclear codes are never far from my side. And I say it as a father, who wants my two young daughters to grow up in a world where everything they know and love can't be wiped out in a horrible instant.

핵확산금지조약의 일부로서 이러한 노력은 우리의 의무입니다. 그러나 미국은 진실로 도덕적 의무라는 고유의 책임을 안고 있습니다. 저는 핵무기를 사용했던 유일한 국가의 원수로서, 원자력 코드(원자력을 사용하기 위한 프로그램)를 늘 가까이 두고 있는 최고 사령관으로서, 그리고 알고 지내며 사랑하는 모든 것들이 끔찍한 사고로 파괴되어지지 않은 세상에서 내 두 딸이 자라기를 바라는 아버지로서 이렇게 말씀드리는 바입니다.

I know there are those who deride our vision, who say that ours is an impossible goal that will be forever out of reach. But to anyone who doubts that great progress is possible, I say come to Korea. Come to this country, which rose from the ashes of war, turning rubble into gleaming cities. Stand where I stood yesterday, along a border that is the world's clearest contrast between a country committed to progress and its people and one that starves its own citizens.

저는 우리의 비전에 대해 영원히 닿을 수 없는 불가능한 목표라며 비웃는 사람들이 있음을 알고 있습니다. 그러나 위대한 도약이 가능하다는 것을 의심하는 사람들은 이곳 한국에 와보라고 말하고 싶습니다. 전쟁의 폐허에서 일어나 잔해에서 빛나는 도시들을 갖추게 된 한국에 와 보십시오. 접경선을 따라 제가 어제 있었던 곳(DMZ)에 서보십시오. 도약 그리고 국민에 헌신한 국가와 국민을 굶주리게 만든 국가의 유례 없는 극명한 대조를 지켜보십시오.

Looking out across the DMZ yesterday, looking into your eyes today, I'm reminded of another country's experience that speaks to the change that's possible in our world. After a terrible war, a proud people was divided. Across a fortified border armies massed, ready for war. For decades, it was hard to imagine a different future. But the forces of history and the hopes of man could not be denied. And today, the people of Germany are whole again- united and free.

어제 DMZ 저 바깥을 지켜보며, 그리고 오늘 여러분들의 눈빛을 보며, 우리에게도 가능한 변화를 일러주고 있는 경험을 가진 한 국가가 떠오릅니다. 참혹한 전쟁 끝에, 자부심을 가지던 게르만 민족은 둘로 나뉘어져 있었습니다. 양측의 군대는 경계가 강화된 접경지역을 따라 전쟁 태세를 갖추며 모여 있었습니다. 수십 년 동안, 밝은 미래를 상상하는 것은 어려운 일이었습니다. 그러나 역사의 물결과 인류의 희망을 거부할 수 있는 것은 없었습니다. 그리고 오늘, 독일 국민들은 완전히 하나가 되어 자유로워졌습니다.

In your life stories we see the truth-Koreans are one people. And if just given the chance, if given their freedom, Koreans in the North are capable of great progress, too. The currents of history cannot be held back forever. The deep longing for freedom and dignity will not go away. So too on this divided peninsula. The day all Koreans yearn for will not come easily or without great sacrifice. But make no mistake, it will come. And when it does, change will unfold that once seemed impossible. Checkpoints will open. Watchtowers will stand empty. Families long separated will finally be reunited. The Korean people, at long last, will be whole and free.

여러분의 나라 한국에 대해서도 우리는 한국인은 하나의 민족이라는 사실을 봅니다. 기회와 자유가 주어진다면 북한 역시 거대한 발전을 이룩할 수 있습니다. 역사의 물결을 영원히 막을 순 없습니다. 자유와 존엄에 대한 깊은 갈망은 사라지지 않을 것입니다. 분단된 한반도 역시 마찬가지입니다. 모든 한국인들이 염원하는 그날이 수월하게, 또는 희생 없이 다가오진 않겠지만, 그날이 오리라는 사실은 분명합니다. 그날이 오면 한때는 불가능하다 여겨졌던 변화가 펼쳐지게 될 것입니다. 검문소가 열리고 감시탑은 텅 비게 될 것입니다. 오랫동안 떨어져 있던 가족들이 마침내 하나가 되어 모일 것입니다. 마침내 한국 국민들은 하나가 되어 자유를 누리게 될 것입니다.

Like our vision of a world without nuclear weapons, our vision of a Korea that stands as one may not be reached quickly. But from this day until then, and all the days that follow, we take comfort in knowing that the security we seek, the peace we want, is closer at hand because of the great alliance between the United States and the Republic of Korea, and because we stand for the dignity and freedom of all Koreans. And no matter the test, no matter the trial, we stand together, we work together, we go together. Katchi kapshida!

핵무기 없는 세상에 대한 우리의 비전처럼, 하나 된 한국에 대한 비전 역시 서둘러 실현되기란 어려울지 모릅니다. 그러나 지금부터 그날까지 한미 양국의 굳건한 동맹으로 인해, 그리고 우리(미국)가 모든 한국인들의 존엄과 자유를 지지함으로 인해 우리가 추구하는 안보와 우리가 원하는 평화가 가까이 있다는 사실에 위안을 가집니다. 그 어떤 시련이 닥치더라도 우리는 함께 싸울 것이며 함께 갈 것입니다. '함께 갑시다!'

[출처] 사색이 머무는 항기_ 블로그 작성자 존향

연설의 주된 핵심은 핵 위험에 대한 경각심을 알리는 것과 그를 바탕으로 우리가 핵이 없는 평화를 만들자는 것이다. 핵 위험에 관심조차 없는 일반 청중들도 마지막 "함께 갑시다!"라는 말을 들으면서 마음이 움직였으리라.

연설이란 한 사람의 전달자가 다수(청중)에게 메시지를 전달하는 커뮤니케이션이다. 정치인들의 연설 목적은 자신의 말로 국민들의 마음을 움직여 정책과 대안에 관한 지지를 받는 것이다. 즉 자신의 신념을 국내 현 상황에 맞게 적용시켜 정책으로 연결시키는 힘이 있어야 한다. 전달자 비중이 크고, 준비된 스피치라는 것이 그 특징이다. 정보 전달과 설득, 오락에 목적이 있다.

오바마의 연설은 중간 중간 위트와 재치, 즉 오락의 기능이 있어 다수를 상대로 하는 청중들이 중간 중간 졸지 않고 집중하도록 해준다. 그리고 단순 정보를 전달하는 게 아니라 그것을 통해 메시지를 이끌어낸다. 연설을 통해 그가 지향하는 정치의 밑그림을 짐작할 수 있으며 그것이 우리 사회에 어떤 역할을 하는지 알 수 있다.

한편 우리나라 정치인들의 연설은 어떨까. 정치의 수준 못지않게 연설 수준 또한 많이 뒤쳐져 있음을 느낄 수 있다. 그 이유를 3가지로 정리해보자.

① 정말 본인의 말인지 의심스러울 정도로 원고에 의존한다

연설문 자체는 누가 대필해줬더라도 분명 자신의 생각과 신념이 담겨 있을 텐데, 몇 단어만 이야기하고 곧바로 원고 쪽으로 눈을 내리까는 경우가 흔하다. 몇 초 보는 둥 마는 둥 카메라를 보다가 이윽고 원고를 읽기 시작한다. 이를 보면 "아, 정확하게 틀리지 않기 위해 노력하는구나."라기 보다 내용과 화자가 따로 논다는 생각이 든다. 원고를 보지 않더라도 자신의 신념과 콘텐츠를 말할 수 있어야 한다. 자꾸 원고를 봤다가 카메라를 봤다가 한다면 이는 곧 자신에게도 충분히 설득되지 않고 인지되지 않았다는 증거다.

② 일방적으로 사실만을 전달하기 위해 애쓴다

우리가 진정 정치인의 연설에서 기대하는 것은 확률과 그래프 따위의 객관적 수치가 아니라 그가 말하고자 하는 핵심적 메시지다. 그러나 정치인은 새로운 정보나 데이터에 집중해서 말하는 경향이 있다. 그런 것은 기자나 학자들이 할 일이다. 하다못해 국민들이 직접 찾아보면 될 일이다.

③ 타인을 비방하는 '네거티브(Nagative) 스피치'가 주를 이룬다

정치인의 연설을 듣고 국민들이 희망을 느끼고 정책에 대한 지지를 보내는 것은 상상조차 할 수 없다. 타인에 대한 '비방과 원망, 욕'으로 가득 차 있으니 눈살을 찌푸리며 채널을 돌릴 수밖에 없게 된다.

스피치를 넘어 소통이 강조 되는 시대다. 하지만 그 의미에 대해 정확히 아는 사람은 많지 않아 보인다. 스피치는 단순히 서로 정보를 주고받는 것이 아니며, 고급스럽게 잘 포장하는 기술도 아니다. 그것은 정보와 가치를 담고 있는 말이어야 하고 더 나아가 상대방을 움직이는 착한 말,

감동스러운 메시지여야 한다. 절대 목소리가 좋다고, 혹은 크다고 스피치를 잘하는 것이 아니다. 좋은 메시지가 우선이다.

✧ 질서 안에서 자유 하는 힘을 찾아라!

노르웨이의 포크 듀오 Kings of Convenience의 「I'd Rather Dance With You」 뮤직비디오는 자유와 질서를 잘 버무리는 게 어떤 건지 보여준다. 남자 주인공은 자신이 원하는 대로 음악에 맞춰 흥겹게 춤을 춘다. 주변의 동료와 아이들은 그의 "막춤"이 우스꽝스럽고 이상하다고 느낀다. 그리고 다음 장면에 꼬마들이 발레를 배우기 위해 애쓰는 모습이 나온다. 동작이 맞아 떨어지면서 질서를 갖춘 모습이지만 아이들의 얼굴에서 웃음기라곤 찾아 볼 수 없다. 묵묵히 버거운 춤을 추고 있다.

마지막 장면은 "막춤" 추는 주인공 남자와 꼬마 발레단의 만남이다. 어색한 침묵이 흐르고 남자는 꼬마 발레단 앞에서 자신의 막춤을 가르친다. 아이들은 자기들끼리 키득대다가 막춤을 조금씩 따라한다. 그리고 이 막춤을 발레 동작으로 아름답게 표현한다. 아이들은 어느새 무대에서 자유를 만끽하며 즐거운 표정으로 춤을 춘다. 자유와 질서가 만나는 순간, 관중은 감동을 받고 기립박수를 친다.

무대 위의 말, 대중 앞의 말인 퍼블릭 스피치(Public Speech)에 있어서는 "막춤"을 배운 꼬마 발레단처럼 질서 안에서 자유롭게 노는 사람이 높은 평가를 받는다. 미디어가 발달하면 할수록 사람들은 자연스러운 것을 선호하게 된다. 연사로서 갖추어야 할 자세는 잊지 않되, 정형화된 이미지를 벗고 그 안에서 놀 듯 즐겁게 이야기하는 것이다. 마치 김연아 선수가 몇 만 명의 관중 앞에서도 자연스럽게 연기하며 세계 최고의 스케이터로 우뚝 선 것처럼 말이다. '질서 안에서 자유하는 힘', 그것이 이 책을 읽고 있는 독자들이 찾아야 할 궁극적인 열쇠다.

대화의 비밀

초판 1쇄 | 2014년 1월 4일
　　2쇄 | 2014년 3월 21일

지은이 | 천호림
펴낸이 | 김성희
펴낸곳 | 맛있는책

기획 | (주)엔터스코리아 작가세상
책임편집 | 안은주
마케팅 | 정범모
경영지원 | 설효섭

출판등록 | 2006년 10월 4일(제25100-2009-000049호)
주소 | 서울 서초구 반포동 47-5 낙강빌딩 2층
전화 | 02-466-1278
팩스 | 02-466-1301
전자우편 | candybookbest@gmail.com

ISBN : 978-89-93174-39-7　13320

Copyright ⓒ CandyBook, 2014, Printed in Korea
이 책의 저작권은 저자와 출판사에 있습니다.
서면에 의한 저자와 출판사의 허락 없이 책의 전부 또는 일부 내용을 사용할 수 없습니다.